⇒≫52≪⇐

DISCARD

©1995 EDITORIAL CARIBE, INC.
9200 South Dadeland Blvd., Suite 209
Miami, FL 33156, EE.UU.

Título del original en inglés:
52 Ways to Reduce Stress in Your Life
©1993 *Connie Neal*
Publicado por *Oliver Nelson Books*,
una división de *Thomas Nelson, Inc.*

Traductora: *Leticia Guardiola*

ISBN: 0-88113-226-8

Impreso en EE.UU.
Printed in U.S.A.

52
MANERAS DE
REDUCIR EL ESTRÉS EN TU VIDA

Connie Neal

✴ Contenido

✳ Introducción

La vida está llena de tensión. Cualquiera desearía eliminar el estrés de su vida. Aunque en realidad, la acumulación de estrés es lo que resulta verdaderamente dañino. Estudios recientes han demostrado que estar bajo muy poco estrés puede ser tan peligroso como estar sujeto a uno excesivo. El estrés aparece siempre que exista un cambio en la vida que altere el equilibrio. Su ser completo (cuerpo, mente y emociones) reacciona a los cambios para prepararse en la nueva situación. En cierto grado, el estrés controlable resulta beneficioso, pues es la respuesta natural a los cambios de vida.

La clave para una vida sana es encontrar el equilibrio de modo que el nivel diario de estrés resulte estimulante a la vez que controlable. Por lo tanto, la meta debe ser reducir el estrés a un nivel controlable y luchar con el que no sea posible eliminar. El presente libro está lleno de ideas que le ayudarán a controlar diariamente el estrés de forma saludable.

Información básica   Antes de seguir adelante, presentamos aquí alguna información básica que le dará un mayor entendimiento de lo que es el estrés. Con estos conceptos en mente, podrá elegir qué ideas le ayudarán a controlar mejor el estrés en su vida diaria.

El estrés aparece siempre que un hecho real o un peligro aparente perturba nuestro equilibrio sicológico y/o fisiológico. En este sentido, los seres humanos son similares a los animales que viven en estado natural. Un venado que escucha pasos que se acercan inmediatamente reaccionará y se preparará a escapar para salvar su vida. Este tipo de reacción física es similar al de la persona que, ante algún peligro, responde físicamente de manera que le ayude a proteger su vida. Por ejemplo, digamos que usted va manejando y de pronto otro carro invade su carril. Inmediatamente, su cuerpo responde al estrés en forma tal que le permite reaccionar con rapidez para alejarse del peligro. Esta reacción es útil para su vida.

Sin embargo, los seres humanos no somos meramente animales que responden ante situaciones físicas. Un ser humano también reacciona ante peligros conceptuales. A continuación damos algunos ejemplos de los peligros conceptuales que pueden ocasionar una reacción de estrés:

- Miedo a que se cometa un crimen en contra suya
- Preocupación sobre las condiciones actuales del medio ambiente y los problemas mundiales
- Pensar en la presión de los compromisos del próximo mes y preocuparse de que quizás no pueda cumplir a tiempo con ellos
- Temor ante la incertidumbre de poder o no cumplir en su momento con los compromisos económicos
- Preparación para un actividad especial o una fecha importante
- Preparación para un examen y considerar de qué manera afectarán tales resultados en su futuro

En cada uno de estos ejemplos, no hace falta que exista un peligro real o una amenaza presente para causar una reacción de estrés. La simple percepción o anticipación de la amenaza es suficiente para crear el estrés. Incluso, cuando estos peligros conceptuales tal vez nunca ocurran, es posible experimentar el estrés con sólo pensar cómo sucedería. Respondemos a lo que creemos real, como si el pensamiento lo fuera.

Cuando aparece el estrés, ya sea bajo buenas o malas circunstancias, las reacciones pueden ser física, emocional y de la conducta. El cuerpo responde al estrés con una reacción de lucha o escape. Las reacciones físicas involuntarias incluyen la tensión muscular, la aceleración del ritmo cardíaco y un aumento en la adrenalina que trae como resultado un estado de alerta. Emocionalmente, quizás nos pondríamos irritables, deprimidos y cosas por el estilo. El estrés puede afectar el comportamiento creando distracciones que no nos permiten tener un funcionamiento adecuado. Es posible también que haya un cambio en la reacción hacia las personas que nos rodean, así como un aumento o disminución en nuestra actividad y otras cosas más.

Los sicólogos dicen que la mayoría de la gente tiene un nivel de adaptabilidad capaz de responder a las altas y bajas de la vida diaria de manera saludable. Sin embargo, en nuestro mundo moderno, los cambios ocurren a una velocidad sorprendente. Cada estímulo estresante pide una respuesta, demanda que procesemos esa información y tomemos una decisión acerca de lo que eso significa en nuestra vida y qué debemos hacer al respecto. Los conflictos, las demandas de tiempo y los problemas pueden acelerarse a un ritmo mucho más rápido de lo que razonablemente podemos controlar. Los factores de estrés de la vida moderna pueden ir acumulándose hasta un estado de sobrecarga que afecta al cuerpo, la mente y el espíritu.

Los estudios médicos han demostrado que vivir en un estado de sobrecarga de estrés puede debilitar paulatinamente el bienestar físico. La gente que vive con un alto nivel de estrés comete más errores, tiene más accidentes, se enferma con mayor frecuencia y experimenta más altos niveles de depresión y dolor físico que las personas que son capaces de reducir o controlar el estrés de manera adecuada. Por lo tanto, sería bueno que identifique las cosas que posiblemente están causando una sobrecarga de estrés en su vida y que tome la determinación de reducir el estrés a niveles controlables. Si algunos de los factores de estrés en su vida son realidades que no puede cambiar, todavía le queda la posibilidad de aprender a conducir el estrés de forma saludable.

Debido a que está tratando de mantener un balance saludable, es posible que encuentre beneficioso tener un calibrador mediante el cual pueda medir los niveles de estrés en su vida. Esta escala objetiva quizás le ayudar también a crear una estrategia global para lidiar con los factores de estrés que está enfrentando y que no puede cambiar inmediatamente.

Un calibrador de estrés   La «Escala de rango de reajuste social» se usa para medir el impacto relativo de los cambios comunes de la vida. Fue publicada en 1969 por los siquiatras Thomas H. Holmes y Richard Rahe. Esta escala incluye tanto las buenas como las malas experiencias que se conocen como las causantes de la reacción del estrés. La escala usa una medida llamada unidades de cambio de vida (UCV) para establecer el grado de las experiencias comunes de la vida de acuerdo a su impacto estresante. De acuerdo a esta escala, la muerte de un cónyuge tiene un grado bastante alto de 100 UCV; la experiencia de un divorcio alcanza un nivel de 73; aun una ocasión feliz como un matrimonio alcanza uno de 50; y un logro personal extraordinario se eleva al de 28. Al otro extremo de la escala, las vacaciones y Navidad logran grados de 13 y 12 respectivamente, mientras que una infracción menor de tránsito se eleva a 11. En el estudio de Holmes y Rah, siempre que la acumulación de unidades de cambio de vida llega a ser más de 200, los sujetos comienzan a sufrir desajustes físicos asociados con los altos niveles de estrés.

Todo el mundo experimenta estrés. La clave está en mantenerlo a un nivel controlable limitando la sobrecarga y aprendiendo a usarlo para nuestro provecho. Este libro presenta 52 formas de reducir y controlar el estrés, así como limitar los efectos negativos de la sobrecarga de estrés.

1 * Mantenga una rutina de ejercicios

Es conocido por todos que el ejercicio corporal reduce el estrés y alivia la tensión. Los estudios indican que el ejercicio reducen la ansiedad, depresión y hostilidad asociados con los niveles altos de estrés. Hay explicaciones fisiológicas que sustentan estos efectos positivos del ejercicio. Cuando se experimenta el estrés, el cuerpo produce una hormona potencialmente tóxica, la noradrenalina. El ejercicio ayuda a quemar la noradrenalina. Además, hacer ejercicio genera endorfinas, que naturalmente impiden el dolor; elevan el estado emocional y ayudan a relajarse tanto física como sicológicamente. Las investigaciones médicas han confirmado que el ejercicio alivia la tensión de los músculos más que cualquier tranquilizante. En fin, el ejercicio es una forma excelente de eliminar los efectos negativos del estrés y liberar la tensión.

Además, una buena condición física nos prepara para resolver mejor las situaciones estresantes. Estudios universitarios han revelado que la gente que mantiene una buena condición física puede controlar el estrés sin incurrir tan rápidamente en enfermedades o depresión. Si se encuentra en medio de una circunstancia estresante en la que no cuenta con el poder de cambiarla, con sólo mantenerse en buena condición física minimizará los efectos negativos del estrés en su salud física.

Las siguientes son algunas formas que puede usar para hacer ejercicio y reducir el estrés diario.

Tome recesos   Formule su horario de manera que incluya el ejercicio en su rutina. Si el trabajo es estresante, intercale el ejercicio durante los descansos o a la hora de la comida. Si tiene el tiempo y la oportunidad, haga ejercicio en algún gimnasio o practique la natación durante, antes o inmediatamente después de un día de trabajo lleno de estrés. Si no tiene a su disposición el tiempo ni las facilidades para hacer ejercicio, camine rápido por las calles de su vecindario, suba y baje escaleras si las tiene a su disposición, o invente alguna otra forma de hacer ejercicio en el lugar donde se encuentra.

Mas de no puede hacer sus ejercicios, salga a divertirse, eso es aún mejor. Jugar con ejercicios da los efectos físicos y puede alejar de su mente los asuntos que quizás contribuyen al estrés sicológico.

Tenga una rutina de ejercicio   Para lograr los mejores resultados en el control y reducción del estrés mantenga una rutina de ejercicio. Programe hacer ejercicios tres veces a la semana al menos veinte minutos. Elija una actividad de la cual disfrute o busque compañía para hacer sus ejercicios de manera que se sienta con la motivación suficiente para continuar a largo plazo.

No se ejercite de manera estresante   Identifique los tipos de ejercicio que le causan estrés y opte por otros. Por ejemplo, si el simple pensamiento de que le vean en traje de baño le hace sentir incómodo, nadar en un lugar público no le ayudará a lograr la reducción de estrés que está buscando. Si es demasiado competitivo que el deporte en equipo le crea tanto estrés como el que está tratando de quemar con el ejercicio físico, busque un deporte individual que pueda disfrutar.

Ejercítese en música   Combine los efectos del alivio de tensión del ejercicio con los efectos revitalizantes de su música favorita. Inscríbase en una clase de ejercicios en la que el gusto musical del instructor esté acorde con el suyo. Escuche casetes mientras hace sus ejercicios. Vea videos de ejercicios aeróbicos de acuerdo con el tono de música que más le guste.

Ejercítese en lugar de tomar una siesta   En realidad, hacer ejercicio puede incrementar mucho más su nivel de energía y le hace sentir más fresco que estar inactivo físicamente. La próxima vez que se sienta a punto del colapso después de un día lleno de estrés, pruebe caminar rápido antes de acostarse a dormir una siesta. Si después de caminar todavía siente la necesidad de tomar una siesta, hágalo. Sin embargo, es posible que se sorprenda al comprobar que el ejercicio le revitalizará y le aliviará la fatiga.

No se sobreejercite con una nueva rutina de ejercicio
Tenga la precaución de no agotarse o lastimarse comenzando con un nuevo programa que pueda ser demasiado extenuante. En todo caso, comience gradualmente con una actividad aeróbica no competitiva, tal como una caminata, natación o trotar. Después, ajústese gradualmente a una rutina de ejercicio más demandante.

2 * Enfrente los problemas con actitud positiva

Los efectos negativos del estrés se originan por percibir ciertas situaciones como amenazadoras o potencialmente dañinas. Por lo tanto, no es preciso que sea lo que se experimenta de manera directa sino lo que creemos respecto al significado de nuestras experiencias lo que provoca el estrés.

Por ejemplo, si su hijo se está demorando en llegar de la escuela y piensa que se ha lastimado, experimentará una reacción de estrés. Cuando finalmente llega y se aparece en la puerta para recordarle que tenía una actividad extraescolar, su corazón deja de acelerarse y comienza a respirar con alivio. Sin embargo, su nivel de tensión y su reacción física fueron las mismas *como si* su hijo se hubiera lastimado. Su cuerpo ha sufrido una reacción de estrés. Por otra parte, si su niña se está demorando en llegar de la escuela, pero usted asume que se encuentra bien, su cuerpo no tendrá una reacción de estrés.

Sea optimista Estudios sicológicos confirman que las personas optimistas sufren menos señales físicas de estrés que las pesimistas. Eso es fácil de comprender. La predisposición hacia el optimismo o el pesimismo determinará la cantidad de reacción de estrés innecesaria que experimentará a lo largo de su vida. Si constantemente se encuentra en un estado de alerta por la anticipación de desastres que nunca llegan, su cuerpo pasa por las reacciones de estrés de igual manera que si en realidad ocurrieran esos desastres.

Su actitud mental hacia la vida también tendrá un efecto considerable en la cantidad de situaciones estresantes que enfrenta en las circunstancias reales. Si no cree que tiene la capacidad de cambiar su vida para mejorar, estará más predispuesto a ejercer el papel de víctima. Por lo tanto, es probable que permanezca en situaciones en las que está en constante peligro. Si en cambio usted es una persona optimista que piensa que puede hacer cambios en el mundo, no sólo aceptará las circunstancias difíciles, sino que podrá identificar los problemas e ingeniará planes para resolver los problemas que le crean estrés en su vida.

He aquí algunas ideas para desarrollar una actitud positiva y evitar así el estrés innecesario.

Piense primero   Cuando comience a tener manifestaciones de estrés, pare y pregúntese si está reaccionando a algo que realmente está sucediendo o a lo que teme que suceda. Si está reaccionando a una catástrofe que quizás no haya sucedido, déle a su mente algunas otras alternativas de lo que posiblemente pudo haber ocurrido. Volvamos al ejemplo de la niña que se demora en llegar de la escuela a la casa. Piense que quizá se quedó para ayudar a la maestra, o tal vez la suspendieron, o a lo mejor le dijo que tendría alguna actividad después de la escuela que usted olvidó, o algo por el estilo. Considerar una lista de posibles realidades le evitará pensar lo peor. A medida que vaya considerando cada posibilidad, puede enfocar su mente en lo que está haciendo en ese momento y así posponer la reacción de estrés en su totalidad hasta no saber con certeza qué sucedió en realidad.

No se precipite con las conclusiones   Cuando se presente un obstáculo o algún problema, busque soluciones en lugar de consecuencias. Si se percata que está diciendo: «¡Ah, no! Seguro que algo terrible va a suceder», deténgase antes de arribar a conclusiones. Pregúntese: ¿Qué puedo hacer para detener este obstáculo? ¿Qué puedo hacer para evitar que algo terrible suceda? Concentre su atención en realizar cualquier cosa para remediar el problema antes de que se sumerja en la desesperación.

Aprenda de otros   Escuche grabaciones sobre motivación y lea materiales acerca del mismo tema. Usted puede aprender a ser optimista. Puede aprender a desarrollar una actitud más positiva hacia la vida. Si no es típicamente optimista, estudie lo que enseña la gente que practica el ver la vida desde una perspectiva positiva.

3 ✴ Tense y relaje sus músculos

El estrés pone en acción una serie de respuestas bioquímicas. La relajación física pone en movimiento una serie de respuestas bioquímicas prácticamente opuestas a las que causan el estrés. Al tensar y relajar sus músculos, puede contrarrestar los efectos físicos del estrés. También le permitirá reducir los dolores de cabeza provocados por la tensión, la migraña, la ansiedad, hipertensión y otros síntomas físicos relacionados con el estrés. Algunas personas detectan que tensar y relajar los músculos de todo el cuerpo les ayuda aun hasta para dormir por la noche, aliviándoles de la tensión física acumulada durante el día.

He aquí cómo puede realizar este ejercicio para aliviar el estrés:

- Busque un cuarto en el que pueda estar tranquilo, sin interrupciones y durante un tiempo en que no le molesten.
- Quítese los zapatos y póngase ropa cómoda, suelta y confortable.
- Tiéndase boca arriba, cierre sus ojos y extienda sus brazos cómodamente a los lados del cuerpo. Ponga las palmas de sus manos hacia arriba.
- Respire lento y profundo
- Comenzando por la parte de arriba de su cuerpo, contraiga todos los músculos en su cabeza y cara (incluyendo su lengua) tanto como le sea posible. Manténgase así por cinco segundos y después relájelos completamente, lo más que pueda.

* Respire despacio y profundamente antes de pasar a trabajar con el cuello y los músculos de los hombros. Repita esa contracción, relájese, respire profundamente a medida que lo realiza con cada parte de su cuerpo: brazos y manos, pecho, abdomen, glúteos, piernas y pies y dedos. Recuerde permanecer en esa posición tensa en cada parte de su cuerpo por espacio de cinco segundos. Después de poner en tensión cada grupo de músculos, relájese por completo y respire profundamente.

Después que termine, regrese a sus actividades normales. Ahora podrá sentir su cuerpo relajado y con nuevo vigor. Quizás podrá hacer uso de este proceso cuantas veces lo quiera y se tome el tiempo para aliviarse del estrés del día. En el próximo capítulo aprenderá respecto a tomar tiempo para usted.

4 ✳ Apártese del estrés

Tan pronto como se percate de que está siendo presa del estrés, apártese del estrés. Si no lo hace, el estrés se irá acumulando para la siguiente y será peor por la sobrecarga. De manera que salga por un momento de esa situación estresante. Esto le permitirá recuperar su compostura y tomar acciones concretas para aliviarse del estrés antes de que se acumule más.

He aquí un ejemplo. Usted llega a casa después de un fuerte día de estrés en la oficina. Sus hijos están ansiosos de que les ponga atención y su pareja le recibe con una lista de asuntos importantes que deben resolver. Si antes no se aísla por un momento y toma un tiempo para usted para despejarse de las preocupaciones del día, es posible que esté irritable y algo temperamental con su familia.

De cualquier modo, en la mayoría de los casos, basta con explicar a su familia que necesita tomarse treinta minutos antes de poder atender a sus necesidades. Luego, descanse por un rato de las preocupaciones del día y haga algo para relajarse. Dése un baño, escuche música, salga a caminar o lea algo que le distraiga. Después que se haya apartado un poco y haya tomado ese tiempo para usted, estará en mejores condiciones para relacionarse con los demás y para hacer lo que necesita.

Esta es una buena práctica que también se puede emplear con los chicos cuando están sobrecargados de tareas escolares, o algún otro tipo de actividades que les demanden tiempo. Si se percata de que sus pequeños parecen que sufren de estrés, sugiérales que dejen un poco esa actividad y tomen un tiempo libre fuera de sus tareas o de lo que les esté causando tal estrés. Después, mientras tanto, ayúdeles a participar en alguna actividad divertida y relajante. Cuando vuelvan a sus tareas, se sentirán más capacitados para lidiar con las dificultades sin sentirse sobrecargados por el estrés.

5 ✳ Resuelva los conflictos constantes

Los conflictos constantes son los que le dan emoción al drama en el teatro, las novelas o las películas de aventuras, porque el conflicto causa tensión. En cualquier historia, una vez que los conflictos se han resuelto, se pierde la tensión y lo mejor es terminar la historia antes de que los lectores pierdan el interés. En su vida personal, el estrés de los conflictos constantes crea también tensión constante. Si verdaderamente quiere resolver la continua tensión, tiene que resolver esos conflictos tenaces.

El estrés es la percepción de peligro o una reacción al cambio de circunstancias que pueden estar amenazándole. El conflicto crea estrés porque debe luchar para vencer la batalla interminable. Si tiene conflictos internos que no están resueltos, tendrá que luchar continuamente contra su propio ser. Si los conflictos contantes son parte de sus relaciones en la casa o el trabajo, con toda seguridad usted vive a la defensiva. Siempre debe estar alerta a lo que pueda pasar si la persona que es su rival le pone la mano encima. Por lo tanto, ha tenido que aprender a vivir perennemente alerta. Este continuo estrés —sumado a cualquier otro que viene con las altas y bajas normales de la vida— puede llegar a ser agobiante.

Ya sea que los conflictos constantes sean internos o externos, en la casa o en la oficina, con el solo hecho de resolverlos reducirá significativamente su estrés diario. Aquí le presentamos algunas ideas de cómo puede resolver los conflictos constantes.

Pida ayuda profesional

Si ya ha tratado de resolver los conflictos por usted mismo sin buenos resultados, busque consejería o terapia profesional. Una persona que está preparada profesionalmente en consejería puede con en la mayoría de los casos ayudarle a ver las cosas con una nueva perspectiva y, como resultado, podrá encontrar nuevas formas de lidiar con los conflictos internos y con los conflictos en sus relaciones con otras personas.

Busque consejería con una persona que tenga buena reputación en la solución de conflictos similares a los que usted enfrenta. Quizás pueda considerar a alguna persona que trabaje en el ministerio, alguien que ofrezca consejería matrimonial y familiar, o consejería en abuso de sustancias, o de empleos, o cualquier otro profesional que le inspire confianza en su situación particular.

Cambie sus circunstancias

Aléjese físicamente de alguien con el que se mantiene en conflicto constante. Por ejemplo, si siempre está chocando con alguien en su oficina, vea si puede cambiar su puesto de trabajo lejos de la presencia de esa persona.

Cambie su horario. Si es posible, reajuste su horario de modo que no tenga que pasar más tiempo del que sea absolutamente necesario con quien se encuentra en conflicto.

Cambie sus relaciones

Trate de hacer amistad con esa persona. Demuestre amabilidad y genuino interés en el bienestar de esa persona. Haga preguntas que le ayuden a entender qué fue lo que le puso en contra de ese individuo.

Consienta en discrepar en los asuntos en que usted mantiene una posición contraria. Termine la relación si es necesario.

6 ✳ Descanse lo suficiente

El descanso es vital para mantener un buen estado de salud general y ser capaz de resolver el estrés. Sin embargo, con frecuencia es un reto poder descansar lo suficiente cuando se encuentra con estrés, porque esas situaciones pueden perturbar su capacidad para descansar.

Debe tomar las medidas necesarias que le ayuden a descansar lo suficiente, aun si eso representa un reto. El descanso es tan importante para el bienestar del ser humano que Dios incluyó este mandato en los Diez Mandamientos. Quizás si tomar suficiente descanso fuera algo automático a lo que estuviéramos inclinados a hacer, Dios no habría tenido necesidad de dar este mandamiento.

Usted puede decidir descansar lo suficiente. Aquí le presentamos algunas ideas que le pueden ayudar.

Descanse de su trabajo Propóngase tomar al menos un día a la semana en el que no tenga que hacer nada de su trabajo. Procure que ese día sea uno en el que no tenga que estar pendiente de alguna llamada de su trabajo, o que esté pensando en alguna fecha de vencimiento o compromisos que le causen presión. Descanse por un tiempo lejos de su trabajo y responsabilidades. Tal vez necesite planearlo cuidadosamente. Si sabe que quedarse en casa significa que tendrá que estar atado a su escritorio o portafolios, programe estar fuera y lejos de los teléfonos, máquinas de fax y oportunidades de trabajo.

Descanse con el sueño Necesita dormir bien. Cuando usted duerme, su cerebro almacena sustancias bioquímicas esenciales que le ayudan a lidiar con el estrés. Cualquier madre o padre primerizos pueden dar testimonio de los efectos de la falta de sueño combinada con una situación estresante. Incluso cuando el estrés puede causar dificultades para dormir, o insomnio, dé los siguientes pasos para cerciorarse que obtendrá suficiente descanso:

- Establezca un horario regular para acostarse y levantarse.
- No tome ninguna bebida que contenga cafeína durante las cuatro horas previas a su hora de dormir.
- Suspenda las actividades físicas o mentales fuertes antes de ir a dormir. En lugar de eso, trate de hacer algunos ejercicios ligeros varias horas antes de ir a la cama, seguidos por actividades menos intensas que tiendan a calmarle (tales como leer, escuchar música y cosas similares).
- Si tiene problemas para dormir, levántese y haga algo relajante, como tomarse un vaso de leche tibia, leer una novela ligera, ver una película agradable, o escuchar música tranquila. No se levante para hacer algo que lo mueva a preocuparse más, como por ejemplo trabajar. Regrese a la cama cuando sienta sueño.

Descanse periódicamente Disfrute de períodos regulares de descanso en su horario. Realice una vez al día alguna actividad relajante de la cual disfrute. Concéntrese un día a la semana en algún escenario que le tranquilice. Disfrute regularmente de vacaciones planeadas cada año.

Tome un descanso del medio ambiente tensionante
Descanse alejándose ocasionalmente del medio ambiente en el que siempre se le hacen demandas y en el que hay muchas

expectativas puestas sobre usted. Si hay algún lugar que en particular le resulte lleno de tensión, tómese un descanso alejándose de allí por algún tiempo hasta que se sienta con fuerza para recuperar su compostura.

Descanse del bombardeo de la estimulación exterior

Aparte períodos de tiempo en los que pueda alejarse del ruido, apagar la televisión, ignorar los reportes de noticias y huir de toda la información que le tratan de hacer llegar por todos los medios. Cuando se libera de toda la estimulación exterior, le es más fácil estar en contacto con su ser interior. Algunas veces el estrés interior se acumula porque su medio exterior le tiene tan aprisionado que no le permite prestar atención a sus necesidades internas.

7 * Tome suficiente tiempo para usted

Las presiones del tiempo contribuyen fuertemente a la experiencia del estrés en nuestra cultura. Antiguamente, la mayoría de la gente podía con mucha facilidad darse el lujo de demorarse o tomar las cosas con calma en términos de las demandas del tiempo. La vida en la economía basada en la agricultura fluía por temporadas, lo cual permitía el tiempo suficiente para que la persona se compensase por el estrés. La vida en esta era de la información al instante vuela en fracciones de segundo. Comidas precocinadas, café instantáneo, comidas rápidas, «titulares de periódicos», máquinas de fax, servicio de correo nocturno, transportación supersónica —todos estos medios para ahorrar tiempo crean expectaciones de querer tener todo lo que deseamos *ahora* o antes que eso si es posible. Sin embargo, esta vida a alta velocidad también significa que otros esperan lo que quieren de nosotros *ahora,* o lo más pronto posible.

Estos cambios en la tecnología han causado cambios en la sociedad que se reflejan en las demandas de querer tener las cosas al instante. En lugar de usar el tiempo que se ahorra por medio de estas innovaciones para disfrutar más de un tiempo de descanso y relajación, hemos aumentado las demandas de lo que sentimos debemos lograr. En nuestra cultura, tanto la casa como el trabajo parecen estar caracterizados por un sentido de urgencia, es un lugar implacable, con fechas de vencimiento inmediatas y sobrecarga de compromisos.

Tome una decisión   Usted tiene la opción de decidir. Puede elegir competir para mantenerse al paso con nuestra atropellante cultura, o puede usar el tiempo que le ahorra la nueva tecnología para invertir más tiempo en usted. Si decide hacer esto, puede concederse tiempo a discreción en lugar de ponerse altas demandas sólo porque se supone que tiene más tiempo.

He aquí algunas ideas de cómo quitarse algunas cargas de encima.

Haga listas   Confeccione una lista con todas las cosas que tiene previsto hacer en un día determinado, ya sea en la casa o el trabajo. Vea la lista y quite algunas cosas que se pueden posponer para el día siguiente. De esta manera, reajuste las auto-expectativas de manera que se distribuyan más ampliamente sobre el transcurso de la semana. Quizás ya esté familiarizado con esto al escribir su lista de «pendientes y cosas por hacer» y después tiene que pasar cosas para el siguiente día cuando no es capaz de cumplirlas en el establecido. Desde el momento en que decide distribuir sus expectaciones antes de darse cuenta de que no le será posible cumplirlas en un cierto día, ya habrá logrado un éxito. Cuando constantemente piensa que no puede cumplir con sus metas diarias, se verá como una persona que falla siempre. Esta combinación de un tiempo irreal de demandas y una percepción de usted como alguien que nunca cumple con su horario es la receta para el estrés.

Doble el tiempo de viaje   Si sabe que regularmente le toma un promedio de veinte minutos llegar al trabajo, utilice cuarenta minutos. De esta manera puede reducir el estrés rutinario causados por el tránsito y otras interferencias que están fuera de su control.

Deje de forzar actividades en su horario   Si tiene que forzar una actividad en un horario que ya está lleno, trate de intercambiar esa actividad con algún otro compromiso que no es tan esencial o que puede esperar para otro día. Si no lo puede cambiar, establezca firmemente sus límites y diga que no tiene tiempo para aceptar otro compromiso más en su horario.

Programe en su horario un tiempo de inactividad
Nuestra cultura se encuentra orientada hacia el logro, devaluando el tiempo que se usa para cualquier otra experiencia que no produzca resultados tangibles. Se consideran irrelevantes actividades tales como relajarse en el césped con sus hijos mientras ven las nubes y sueñan despiertos. Programe en su horario un tiempo de inactividad en el que no haga nada *productivo*. Úselo para la contemplación, el juego, escuchar y cosas por el estilo.

8 ✳ No se comprometa más de la cuenta

Comprometerse demasiado causa estrés. Siempre que haga compromisos que excedan lo que realmente puede hacer en cierto día, semana, mes o año, le hace acumular tensión. Cuando su tiempo está sobrecomprometido, se dará cuenta que a la larga se atrasará y su sistema tendrá un colapso. El trabajo que posterga para realizarlo cuando tenga tiempo, se vuelve más enorme que si hubiera planeado suficiente tiempo para hacerlo en su horario regular. Las relaciones personales que se echan a un lado a causa de la sobrecarga de responsabilidades se dañan. Entonces, necesitará tiempo extra para limar las asperezas que pueden surgir cuando se descuida una relación. Tanto en el trabajo como en las relaciones personales, comprometerse más de la cuenta crea estrés adicional.

Aquí hay algunas ideas que le permitirán no excederse en comprometer más tiempo del que debe.

Nunca diga sí automáticamente Hay algunas personas que simplemente no pueden decir no. Y se ganan una reputación de serviciales y los incluyen en la lista de voluntarios de todo el mundo. Si usted tiene esta tendencia, luche con ella. Si le es casi imposible decir en ese preciso momento que no puede, practique decir «déjame revisar mi calendario y luego te aviso». Después revise y vea si en realidad puede decir que sí sin crearse más estrés del que ya tiene. Si de verdad quiere ayudar y tiene el tiempo disponible, llame y ofrezca su ayuda.

Lleve un calendario
Asegúrese que cada compromiso queda por escrito. Si lleva un calendario sólo en su mente, tendrá demasiadas cosas que recordar y quizás pueda sobreestimar el tiempo que tiene disponible. Asegúrese de incluir el tiempo que necesita para transportarse de una cita a otra.

Sobreestime el tiempo de sus actividades
Asigne el doble de tiempo que supone habrá de necesitar para cualquier actividad o mandado. Cuando considere añadir una cita más a su horario, asegúrese de calcular el tiempo para viajar, estacionarse y todo lo demás.

No llene su horario de cosas productivas
Usted necesita espacio y descanso para mantener el estrés al mínimo. Planee tomar tiempo de recreo y descanso cada día y cada semana, de esa manera no tendrá que lidiar con el estrés de sentirse como si estuviera haciendo algo malo cuando dedica tiempo a actividades que le reaniman.

Revise su calendario con una persona objetiva
Antes de comenzar cada semana, revise sus compromisos con alguien que le conoce y conoce su estilo de vida, quizás una persona asociada en su negocio, alguna amistad o miembro de la familia. Deje que la otra persona le dé retroalimentación desde su punto de vista objetivo. Si parece que tiene demasiados

compromisos, reorganice algunas cosas antes del tiempo planeado. En esta forma podrá asegurarse que tendrá la oportunidad de cumplir sus compromisos y evitar que sus nervios revienten.

9 ✳ Busque apoyo emocional

Estudios recientes muestran que tener apoyo emocional durante los tiempos de crisis reduce la tensión, la depresión, la fatiga y alivia algunos síntomas físicos del estrés. Los grupos de apoyo para autoayuda emocional tales como Alcohólicos Anónimos (AA) han demostrado que el apoyo emocional contribuirá a que la persona aprenda a controlar saludablemente el estrés sin necesidad de recaer en el uso de drogas (por ejemplo, el alcohol) que alteren su estado de ánimo.

Si usted hace uso del apoyo emocional, se dará cuenta que sus reacciones hacia el estrés son naturales. Cuando está cerca de otros que se preocupan por cómo se siente y que quizás poseen sentimientos y experiencias similares a las suyas, descubre nuevas fuerzas y una gran habilidad para sobreponerse.

He aquí algunas formas de buscar y recibir apoyo emocional.

Busque a sus amistades Las amistades son una gran fuente de apoyo emocional si les permite que lo sean. En algunas ocasiones de crisis o tensión los amigos no saben qué decir o no saben si usted los aceptará bien. Déjeles saber que aun cuando no podrán cambiar sus circunstancias estresantes, su apoyo emocional será bien recibido. Diga lo que sienta que debe expresarles para que sepan por dónde comenzar. Si en su esfuerzo por ayudarle hacen algo que no es de su agrado, sea condescendiente. Muéstreles que aprecia sus atenciones y a lo mejor podrá dirigirlos hacia otras formas en las que pueden serle de mayor apoyo.

Acérquese a su familia

Durante los tiempos de estrés, las familias tienden ya sea a unirse o a desintegrarse. Tenga cuidado de no descargar su hostilidad contra su familia cuando se sienta agobiado por el estrés. En lugar de eso, haga un esfuerzo consciente para hablar con amabilidad a los demás; pida que le den un abrazo o algún tipo de contacto con su familia que de manera que le den el apoyo emocional que necesita.

Visite a un consejero profesional

Si el estrés es demasiado avasallador que su vida ya se ha vuelto insoportable, considere visitar a un terapeuta profesional. La experiencia de esa persona en ayudar a la gente a reducir sus tensiones interiores le podrá beneficiar a usted también. Sin importar la crisis externa que enfrenta, un consejero profesional es posible que le guíe hacia otras formas de lidiar con su problema que tal vez usted no haya intentado. Un buen consejero también le ayudará a descubrir si hay factores fisiológicos que contribuyen a inhabilitarle para que pueda controlar el estrés.

Únase a un grupo de apoyo

Los grupos de apoyo se centran en problemas o asuntos particulares. Para localizar un grupo de apoyo que se relacione con sus necesidades particulares, contacte a su iglesia local, un centro médico, las oficinas de consejería o agencias gubernamentales. Ellos podrán ayudarle a encontrar un grupo que satisfaga sus necesidades. Si no puede encontrarlo, considere la posibilidad de iniciar uno usted mismo con otras personas que enfrenten su misma situación. No hace falta que tengan un profesional para dirigir el grupo. El simple hecho de reunirse con otros que tratan de encontrar el mismo reto puede darle fuerzas y ánimo, ya sea que se encuentre bajo tratamiento de cáncer, educando hijos en edad preescolar como padre soltero, o lidiando con los efectos de vivir con una persona adicta.

Participe en los grupos de autoayuda Hay muchos grupos de autoayuda muy buenos, y un número sustancial de ellos se basan en el programa de los Doce Pasos que se lleva a cabo en AA. Cuando considere entrar a un grupo de autoayuda, evalúe primero si está de acuerdo con los principios bajo los cuales funciona el programa y si van de acuerdo con sus creencias y valores. Si entra en un grupo basado en principios contrarios a sus valores, a lo mejor se encontrará presionado para cambiar sus valores en lugar de trabajar en los asuntos por los cuales se afilió al grupo. Esta clase de presiones crea estrés adicional.

Puesto que los grupos de autoayuda se caracterizan por las personalidades de los individuos del grupo, no se dé por vencido en buscar el grupo que le pueda convenir, sólo porque un grupo no le agradó. Siga buscando hasta que encuentre a un grupo de personas con el que fácilmente puede confiar.

10 * Administre su tiempo

Todos tenemos veinticuatro horas al día. Planear y estructurar su tiempo con sabiduría puede ayudarle a lidiar efectivamente con el estrés conforme aparece durante el día.

Formule un horario para el uso de su tiempo Para mantener el nivel de su estrés en un punto controlable necesita una rutina organizada para cada día, aun cuando no se apegue estrictamente a ella. Un horario estructurado le mantendrá en movimiento cuando necesite moverse y le dará la libertad para descansar, mientras que de lo contrario se estaría forzando hasta agotarse.

- Primero, programe lo básico: dormir, comer, aseo, ejercicios y descanso. Escriba el tiempo aproximado para cada actividad en una semana típica.
- Luego, programe entre sus compromisos los que realiza de forma regular: trabajo, clases, iglesia, reuniones y demás.
- Programe tiempo para desarrollar las relaciones importantes en su vida: aparte tiempo diario para cada uno de sus hijos, tenga una charla íntima con su pareja, y visite a sus familiares y amigos. Estos períodos programados para mejorar sus relaciones crea la oportunidad de llenar su función en las vidas de los que ama.
- Programe firmemente un día de descanso por semana cuando las demandas de trabajo sean mínimas. Relájese, juegue, adore y participe en actividades no agobiantes en estos días libres.

Bloquee las interrupciones   Las interrupciones son siempre estresantes. Planee cuidadosamente cómo evitarlas. Cuando está enfocado hacia una tarea en particular dentro de su horario, tome las precauciones para asegurarse de que tendrá la mínima interrupción posible. Por ejemplo, use una máquina contestadora de teléfono para postergar las llamadas que hará más tarde (durante el momento oportuno para ello). Ponga un letrero de «No interrumpir». Atienda las necesidades presionantes antes de comenzar a trabajar para evitar que le distraigan en medio de sus labores.

Tome control sobre cómo gasta su tiempo

Mantenga un récord de la forma en que gasta su tiempo en una semana. Después, compare el uso diario de su tiempo con el plan de cómo le gustaría realmente emplearlo. Haga decisiones para usar su tiempo de modo que se ajuste a sus prioridades y metas. Si está atado con actividades que no desea, revise sus compromisos para hacer uso de su tiempo de la manera en que sea más factible para usted.

Programe más tiempo del que cree que necesitará

Si le parece que siempre está corriendo o presionado por el tiempo, programe sus compromisos adicionándoles más tiempo.

Escriba su agenda diaria   Al enfocar su atención en las cosas más esenciales que pretende cumplir cada día, le será más fácil reenfocar su atención cuando algo parezca amenazar su equilibrio. Si está pasando por un tiempo incierto de crisis, con sólo tener una lista clara de metas para el día le alejará de la desesperación relacionada con las posibles dificultades que se avecinan.

11 ＊ Busque formas saludables de expresar la ira reprimida

La ira reprimida puede ser una poderosa fuente de estrés interiorizado. Hay formas saludables de sacar su ira y aliviar la acumulación de presiones emocionales. Aquí le damos algunas ideas.

Dígale a Dios lo molesto que se encuentra   Si usted es de los que piensa que estar enojado es sinónimo de ser malo, es seguro que reprima sus verdaderos sentimientos de ira. A lo mejor no quiere herir los sentimientos de alguien, o teme la reacción que pueda despertar si expresa su ira. Si se preocupa por decirle al blanco de su ira cómo se siente y por qué, trate de decírselo a Dios.

Váyase a algún lugar en el que nadie pueda escucharle. Después diríjase a Dios y dígale (fuerte si quiere) exactamente qué es lo que siente. Describa los incidentes que le provocan el enojo, que siente que es injusto y todo lo que quiera. Y también puede hablar sobre sus sentimientos de enojo contra

Dios si lo desea. Mucha gente suprime su ira contra Dios porque cree que es incorrecto enojarse contra Dios. Sin embargo, si está enojado con Dios, aun cuando crea que no debiera estarlo, necesita deshacerse de esa ira reprimida.

Confíe en que Dios es lo suficientemente grande como para manejar los sentimientos que usted tiene. Exprese la ira que siente. Después, si cree que hay algo incorrecto con los verdaderos sentimientos que ha expresado, pídale perdón a Dios. Cuando haya agotado su bodega de ira, pídale a Dios ayuda para resolver cualquier otro asunto escondido y para encontrar formas saludables de deshacerse usted mismo de la ira reprimida.

Péguele a algo   Algunas veces se siente mejor cuando puede expresar su ira físicamente. Asegúrese que lo que vaya a golpear no sea algo (o alguien) que pueda herir. Explote su ira contra una almohada o un punching bag. Corte leños, clave puntillas o batee una pelota de béisbol. La ira crea tensión física real. Deshacerse de la tensión física en forma física le ayudará a liberarse del sentimiento de ira al mismo tiempo.

Escriba una carta que exprese su ira   Si hay asuntos que le provocan a ira, exprésela con palabras. Si está enojado por algo que afecta a su comunidad, escriba una carta al editor del periódico local. Dígale que está enojado; describa lo que le molesta y enoja, y qué piensa que se debería hacer para corregir la situación. El proceso de materializar su ira en palabras es saludable, siempre y cuando se sepa que está tomando la acción de usar su ira constructivamente.

Responsabilícese de sus sentimientos   Los consejeros y profesionales del cuidado de la salud concuerdan en que tener un mayor sentido de control sobre la vida reduce el estrés. Si cree que otros tienen poder para controlar sus emociones, usted cede control sobre su respuesta. Al usar afirmaciones tales como «Yo soy responsable», o «Yo tuve la culpa», reflejan que se responsabiliza por su ira en lugar de culpar a otros por la forma en que se siente. En realidad, los demás no tienen el poder para hacer que «usted se enoje», aun si son injustos en alguna forma. Al aceptar la responsabilidad de sus sentimientos, usted gana un sentido de control sobre su vida y reduce el estrés.

12 ✳ Adquiera una mascota

Cualquiera que haya experimentado el amor de una fiel mascota puede fácilmente entender que tener la mascota adecuada puede reducir el estrés. Algunos estudios confirman que cuando una persona domestica a algún animal, provoca efectos calmantes que se pueden medir. Disminuyen los niveles de presión sanguínea y corazón. Los pacientes cardíacos que tiene mascotas han demostrado vivir más tiempo que aquellos que no las tienen. Las mascotas lo pueden hacer reír. Dan y reciben amor sin tener nunca argumentos en contra suya. La compañía de una mascota puede aliviar su soledad y darle algo en qué ocuparse. Además, una mascota siempre está contenta de verle y aprecia su compañía sin requerir que usted actúe o finja.

He aquí algunas ideas de varias mascotas y cómo pueden ayudarle a reducir su estrés.

Peces Observar los graciosos movimientos de los peces y otras criaturas marinas puede calmar a quienes están molestos. Los acuarios a veces se usan en restaurantes elegantes para establecer un ambiente de calma, en los cuartos de espera de los pediatras para distraer el miedo de los niños y en las oficinas de consejería para estimular una atmósfera agradable.

Algunos doctores y terapeutas recomiendan que la gente que se encuentra en trabajos de alto estrés ponga peceras en la oficina. Considere adquirir una pecera llena con peces tropicales de colores para algún lugar que encuentre estresante.

Gatos y gatitos

¿Quién puede resistir a un gatito juguetón? Un gatito no tiene noción de lo importante que es el reporte de trabajo que está preparando o si tiene un examen final a la mañana del día siguiente. Un gatito vive para disfrutar la alegría del momento. Un gatito con frecuencia lo puede motivar a echar a un lado sus presiones y dedicarse por un momento a una diversión espontánea. Si no quiere adquirir un gatito, trate de visitar una tienda de mascotas para ir a jugar con los gatitos.

Un gato le puede ofrecer efectos calmantes con sólo estar cerca de usted con su forma de ser delicada y gentil. El suave calor de un gato acurrucado en su regazo o en sus pies le invita a unos momentos de relajación. Su delicado ronroneo calma mucho más que el tic tac del reloj. Además de todo eso, los gatos son bastante independientes y requieren muy poca atención diaria.

Perros y cachorritos

Los cachorritos no saben otra cosa más que divertirse. Algunos perros nos proporcionan horas de relajación mientras juegan con uno —corriendo tras una pelota, tirando de un trapo, o atrapando el platillo volador en la playa—. No sólo usted adquiere los beneficios emocionales de tener una mascota, sino que un perro le recordará que necesita hacer ejercicios con regularidad. Tener un perro que requiere caminar diariamente a intervalos regulares le servirá de una buena excusa para apartarse de otras tareas estresantes.

13 ✳ Reduzca sus deudas

Una de las fuentes más comunes del estrés es la preocupación financiera. Cuando se adquiere el hábito de vivir con deudas, se está haciendo una invitación abierta al estrés. Ser capaz de acomodarse a los cambios financieros imprevistos reduce el nivel de estrés que de otra manera se tendría que enfrentar si se incurriera en deudas. Si se mantiene libre de deudas y hay una depresión económica o pierde su trabajo, los efectos serán mínimos comparados con las posibles consecuencias de alguien endeudado. Si su familia tiene deudas, cualquier recaída financiera representaría una pérdida significativa de cosas de las que usted depende. La familia que vive libre de deudas nunca enfrenta este tipo de miedos relacionados con pérdidas o la mala reputación asociada con un pobre nivel de crédito.

Los consejeros matrimoniales advierten que los problemas financieros tienen un gran peso en las dificultades maritales. Si usted y su pareja tienen el hábito de gastar más de lo que tienen o argüir con frecuencia acerca de cuestiones de dinero, estos problemas se pueden resolver con facilidad ideando juntos un plan financiero en el que aprendan a vivir con lo que tienen.

Estas son algunas ideas que quizás le ayuden a reducir sus deudas.

Busque ayuda Lea libros que le enseñen cómo cambiar sus hábitos financieros y cómo convertirse en una persona libre de deudas.

Asista a una clase de administración financiera y aplique todo lo que aprenda.

Consulte a un asesor financiero o de crédito.

Identifique sus metas Establezca una meta para eliminar una deuda para una fecha determinada. Una vez que salde esa deuda, añada esa misma cantidad que pagaba por esa deuda a la cantidad regular que esté pagando por otra deuda.

Haga visible su progreso creando diagramas que muestren visiblemente los pasos que está dando para cubrir una deuda específica.

Planee los pagos Use cualquier ingreso inesperado (tal como un aumento o bono) para reducir sus deudas. Aplique incluso cantidades pequeñas hacia una deuda específica.

Use los ahorros para pagar las deudas. Se ahorrará la taza alta de los intereses (lo que ha estado pagando por el crédito). Eso sí, trate de mantener lo suficiente en ahorros de manera que actúe como aliciente. En todo caso, si lo cree necesario, siempre podrá pedir un adelanto de efectivo, pero en el ínterin ahorrará dinero en intereses.

Haga arreglos para hacer pagos directos de su cuenta de cheques o de su sueldo a sus acreedores.

Transfiera sus deudas a las tarjetas de crédito con interés bajo, y aplique el ahorro de intereses a la reducción de la deuda. Consolide sus deudas con un préstamo de interés bajo.

Incremente los pagos Realice un refinanciamiento para reducir los intereses en la hipoteca de su casa u otros préstamos considerables.

Pague su hipoteca en pagos continuos de bajo monto (quincenalmente en lugar de mensualmente, cincuenta dólares extras cada mes, o un pago extra aplicado a la reducción del principal cada año). Se puede ahorrar decenas de miles de dólares sobre la vida de su hipoteca.

Posponga las compras   Posponga la compra de un nuevo carro por un año más de lo acostumbrado. Haga el mantenimiento necesario y las reparaciones. Use la diferencia entre los costos de reparación y el pago anterior del carro para reducir la deuda.

14 ✻ Exprese sus sentimientos con palabras

William Shakespeare en su obra *Macbeth* escribió: «Dale a la aflicción palabras: que la pena que no habla, susurra al afligido corazón y precipita su quebranto».

La comunicación con otro ser humano es una de las vías mejor conocidas como atenuantes del estrés. Las palabras ayudan a escaparse de los sentimientos, soledad y desesperación. Al saber que le importas a alguien y que ese alguien trata de comprender lo que experimentas puede darte fuerzas para seguir, a pesar de cualquier adversidad.

El aislamiento en situaciones descorazonadoras incrementa el peso de la tensión. Esa es la razón por la cual estar en confinamiento solitario es una condición sumamente estresante. A través de la historia, los prisioneros de guerra han creado elaborados códigos de comunicación porque estar en contacto con otras personas en tiempos de crisis hace controlable el estrés. El aislamiento emocional también incrementa el estrés. Los sentimientos que usted sufre en soledad, que nadie comprende, que no se atreve a confiarle a nadie, hacen que las situaciones estresantes le pesen aún más.

He aquí algunas formas en las que puede expresar sus sentimientos.

Exprese sus sentimientos con palabras Use algunos medios de expresión creativos para formular sus sentimientos en palabras. Quizás quiera registrar en un diario lo que ha sucedido y lo que eso significa para usted. O a lo mejor quiera describir sus sentimientos, alguno de pérdida, su fuente de fuerza y esperanza. Escriba poesías, canciones, cuentos y cosas por el estilo para darle a sus problemas y penas una forma entendible. Escriba cartas a personas con las que desee comunicarse. Es posible que decida no enviar la carta, pero el proceso de librarse de lo que estaba pensando y sintiendo puede aliviar sus confusas emociones y revueltos pensamientos.

Permita que alguien lea sus escritos   Una vez que ya tenga claramente descritos sus sentimientos, problemas o penas en palabras, busque a alguien que pueda apreciar la lectura de lo que ha expresado.

Hable con buenos escuchas   Cuando alguien le escucha, el interés y la atención imprimen más validez a sus sentimientos y preocupaciones. Cuando alguien le escucha, usted sabe que no está en soledad.

Comuníquese con alguien que esté pasando por circunstancias similares de estrés   Si su fuente primaria de estrés viene de un factor estresante identificado, hable con otras personas que están pasando o que han pasado por condiciones similares.

15 ✳ Fomente un ambiente tranquilo en el hogar

Cuando establece un hogar, tiene el potencial de crear un lugar donde puede escapar del estrés del mundo exterior. He aquí algunas ideas para hacer su hogar menos propenso al estrés y quizás hasta apacible.

Planee con orden Asegúrese que el diseño de su casa dé cabida a las actividades importantes para el desarrollo de cada miembro de la familia. Por ejemplo, si tiene niños pequeños, tome medidas de seguridad tales como sellar las salidas de energía eléctrica y guardar en lugar seguro las sustancias tóxicas. De esta forma reduce el estrés de las continuas preocupaciones respecto a las medidas de seguridad. Si tiene estudiantes de escuela, provéales un lugar con luz adecuada y con los útiles necesarios. De esta manera reduce el estrés de tener que estar constantemente respondiendo a necesidades no previstas como proporcionar lápices o un diccionario durante su tiempo de estudio.

Si tiene miembros de su familia con diferentes gustos en cuanto a entretenimientos, acondicione cuartos separados que permitan a cada uno disfrutar de su preferencia ocasionalmente. En lugar de tener que decidirse a jugar Nintendo, ver el fútbol o leer en paz, prepare un monitor de Nintendo en un cuarto, un televisor en otro y una lámpara de lectura en un lugar apartado y tranquilo de la casa.

Construya un refugio apartado del mundo

No permita que el clamor del mundo le invada su casa. Usted tiene la posibilidad de postergar las llamadas, desconectar el teléfono, apagar la televisión o hacer un sinnúmero de cosas que le permitan descansar de los ruidos del mundo.

Conserve los momentos de gran valor del hogar

La hora de las comidas familiares pueden ser de relajación y disfrute, pero tiene que planearlas para que sean así. Hágale saber a todos los miembros de la familia cuándo y a qué hora se les espera para comer. Si ambos cónyuges trabajan fuera de casa, deben compartir el trabajo que implica el crear las comidas familiares. Celebre sus comidas con flores frescas y música.

Lea historias para dormir a sus niños o a su pareja. Leer en compañía es una forma especial de disfrutar juntos y relajarse antes de ir a dormir. A todos los niños les encantan las historias, particularmente cuando se leen en voz alta por alguno de sus amados padres. Aun los adultos disfrutan cuando escuchan la lectura en voz alta de una historia (considere el mercado para libros en audiocasetes).

Mantenga el trabajo limitado a un lugar específico

Si puede, mantenga su trabajo y hogar separados. Si su oficina está en su casa o si tiene que llevar trabajo a casa, limite las cosas de oficina a un lugar o cuarto específico. Cuando no esté trabajando, cierre la puerta de ese cuarto.

Establezca rutinas familiares

Las rutinas dan un sentido de orden y nos ayudan a tener un sentimiento de normalidad.

Trate de preservar rutinas regulares para comer, dormir, bañarse, arreglarse y hacer otras funciones del diario.

Lleve a cabo reuniones familiares regulares   Use este tiempo programado para tomar decisiones, resolver problemas, planear para el futuro, coordinar horarios, comunicar información y estar al tanto de las actividades y emociones significativas en la vida de los miembros de la familia.

16 ＊ Salga de pesca

La pesca se ha disfrutado continuamente como una forma de relajación. En este mundo orientado hacia las metas, tal parece que hay pocas excusas razonables para sentarse por ahí sin hacer nada. La pesca le da esa excusa que usted necesita. Cuando va de pesca, se enfoca hacia una meta (pescar un pez) que requiere que se mantenga quieto afuera, gozando de la naturaleza y esperando tranquilamente.

Descanse   Si ya hace un buen tiempo que no lanza un anzuelo, considere seriamente hacer un viaje de pesca. Se puede sentar en un banquito cerca de un lago tranquilo o pararse en el muelle frente al océano, tomar un bote de remos y alejarse de la playa, o meterse en el río, pasar un fin de semana en un agitado centro comercial de pesca, o hacer un hoyo en el hielo, o tomar una semana libre para pescar en el desierto. Sólo trate de no llevarse al viaje su teléfono celular.

Eso es todo lo que tiene que hacer.

Prepárese   Prepare o compre los aparejos de pesca (algunos establecimientos cerca de los lagos los rentan por las tardes). Decida dónde es posible pescar en su área o a dónde quiere ir en busca de un lugar para pescar.

Llame al servicio de pesca y fauna para adquirir la licencia necesaria para pescar.

Elija un acompañante (o más de uno). O si lo prefiere, vaya solo.

Váyase   Planee su tiempo de salida. Ponga un letrero que diga: «Me fui a pescar», y váyase.

17 ✳ Pida un masaje

Los masajes son una forma efectiva de lidiar con los efectos físicos del estrés. Aquí le damos algunas ideas que debe recordar cuando reciba un masaje.

Para un masaje relajante Si desea aliviarse del estrés con un buen masaje, es algo que no debe hacerlo aceleradamente. Un masaje de cuerpo entero debe ser de una hora más o menos.

Esto es lo que debe esperar de un masaje profesional. Puesto que la ropa impone limitaciones, se le pedirá que se despoje de ella y se le dará una sábana para que se cubra. Luego se tenderá en una mesa de masajes. Un terapeuta entrenado en masajes tendrá cuidado de respetar su recato y jamás deberá tocar su busto o genitales. Quizás se sienta mejor con un terapeuta de su mismo sexo.

Frecuentemente, estar a media luz y oír música suave ayuda a relajarse cuando se recibe un masaje.

Para un masaje certificado La Asociación Americana de Terapia de Masajes certifica terapeutas de masaje. Pida ver las credenciales de cualquiera que diga estar certificado como terapeuta de masajes.

Asegúrese que el terapeuta esté al tanto de cualquier dolor físico que sufra o de previas lesiones. El terapeuta debe entrevistarle previamente a su primera visita para obtener esta información. Si no lo hace, dígaselo. También recuerde que hay diferentes escuelas de masajes. Algunas técnicas son bastante suaves mientras que otras incorporan masajes profundos que puede ser ligeramente doloroso si el terapeuta da el masaje en músculos tensos. Cuando sienta dolor, dígaselo al terapeuta, y pídale que se ajuste a sus necesidades y preferencias.

Puede encontrar un terapeuta certificado en masajes en su área obteniendo referencias de su doctor local o quiropráctico, o contactando a la Asociación Americana de Terapia de Masajes escribiendo a 1329 West Pratt Boulevard, Chicago, Illinois 60626 o llamando al 312-761-2682. Muchas oficinas de quiroprácticos tienen terapeutas de masajes certificados disponibles en la oficina. Muchos terapeutas de masajes se anuncian en la sección amarilla del directorio telefónico. Sus anuncios regularmente dicen «masaje no sexual» para distinguirse de aquellos servicios de establecimientos con menos reputación.

Algunos escuelas de la comunidad ofrecen cursos en masajes para parejas. Infórmese en su localidad respecto a estas clases.

Para un automasaje   Puede relajar la tensión acumulada en sus músculos dándose masaje, frotando o golpeando suavemente el área de tensión con las palmas de sus manos.

Para estimular el flujo de la sangre hacia el cuero cabelludo y aliviar la tensión, tome un montoncito de pelo en cada mano y estírelos suavemente por unos segundos, luego suéltelos y relájese.

La tensión de los dolores de cabeza (que son causados por la contracción muscular en la cabeza y el cuello) pueden ser aligerados con masaje en las sienes, cuero cabelludo, cuello y frente. Antes de comenzar su masaje de cara y cabeza, cubra su frente o nuca con un paño frío o caliente. Eso le ayudará a relajar los músculos antes de comenzar a darse el masaje. Use sus dedos para dar un masaje suave en las áreas alrededor y debajo de sus ojos, en la nuca y el cuero cabelludo.

18 ✳ Cuide sus pies

Sus pies rutinariamente cargan una enorme cantidad de estrés y lo hace bastante bien. Cuidarlos con delicadeza puede relajarle asombrosamente y reducir la tensión muscular. Aquí presentamos algunas ideas de cómo cuidar sus pies para reducir la tensión.

Use zapatos apropiados   Use zapatos apropiados para la actividad que desarrolla. Si está de pie la mayor parte del día, evite usar zapatos demasiado altos, y asegúrese de que sus pies tienen suficiente soporte. La amplia variedad de zapatos y calzado en el mercado cubre la mayoría de las necesidades de cualquier ocupación o actividad atlética. Consulte con su pedicuro o en la tienda de calzado atlético para que le recomienden qué tipo de zapato es mejor para usted.

Siempre asegúrese que está usando el número correcto de zapato. Un mal calzado puede causar roce y ampollas y crear espasmos musculares en los pies.

Dése masaje en los pies   Un buen masaje puede aliviar el ardor, promover la circulación de la sangre, reducir la hinchazón y acelerar la recuperación de los pies lastimados. Damos aquí algunas ideas para un buen masaje de pies en casa:

- Sumerja los pies en agua tibia o caliente, usando una solución para baño que se puede comprar en cualquier farmacia o en la sección de salud y belleza del supermercado. Tal vez pueda comprar un aparato especial para masaje que se usan con agua, mantienen el agua caliente y tienen vibración para sus pies mientras usted se relaja. Es una maravillosa adición para la diaria rutina de cualquier persona que pasa mucho tiempo caminando o parada.

- Pídale a alguien que le seque los pies con una toalla y que siga este procedimiento: frote suavemente los músculos de la planta del pie, presione los músculos en movimientos circulares con los pulgares. Estire el pie, mueva los dedos, flexione el pie y dé masaje al tendón de Aquiles en la parte de atrás del tobillo. Estire suavemente cada dedo y rótelos en forma circular varias veces.
- Dése masajes en los pies y en las pantorrillas con crema o loción de cuerpo.
- Mantenga sus pies hacia arriba y al menos descanse por veinte minutos.

Vaya al pedicuro   La mayoría de los salones de belleza o de uñas ofrecen servicios del pedicuro. Un arreglo completo de los pies debe incluir masaje de pies y pantorrillas que le ayudará a relajarse.

Consulte a su médico   Si tiene un dolor recurrente en sus pies, consulte a su médico.

19 ✳ Aproveche el viaje de la casa al trabajo o a la escuela

El transportarse al trabajo o a la escuela puede convertirse en una fuente recurrente de estrés, particularmente si tiene que luchar con el tránsito. A continuación le presentamos algunas ideas para que haga ese tiempo de transportación menos estresante.

Ajuste el tiempo   Programe más tiempo del necesario para ir y venir a su lugar de destino.

Si manejar en el tránsito pesado le crea estrés, considere la posibilidad de ajustar su horario de trabajo de tal modo que le permita viajar a las horas cuando el tránsito no está muy pesado.

Aprenda algo   Use el tiempo de viaje para aprender algo nuevo. Muchos programas excelentes de entrenamiento y educación están disponibles en audiocasetes. Si usted maneja y puede oír casetes en su carro, use el tiempo de transportación a su trabajo para aprender un idioma extranjero, o para aumentar su vocabulario, o motivar grandes logros, aumentar sus conocimientos de su negocio, aprender a ser un mejor padre, a mejorar sus habilidades administrativas, o estudiar un sinnúmero de otras materias. Estos programas de enseñanza en casetes están disponibles en las librerías, o a través de la televisión, o en bibliotecas, o por catálogos por el correo. También puede adquirir algunos libros en audiocasetes.

Escuche música   Mantenga una selección de casetes de música en su carro. Elija música de la cual disfrute. Incluya alguna música que sabe que le calmarán.

Escápese   Use el tiempo de transportación para escuchar los últimos libros de ficción en casetes. Escuchar libros de ficción es un gran escape. Si tiene dificultad para cambiar de ambiente y despojarse de su trabajo, enfocar su atención en una historia puede sacar su mente del trabajo mientras su cuerpo se dirige a casa.

Deje que alguien más conduzca   Si conducir le provoca estrés, considere usar el transporte público o viajar con alguien más. Si utiliza el transporte público, enfoque su tiempo libre en algo que no sea su trabajo. Quizás puede leer una novela, o practicar algún pasatiempos relajante como tejer o resolver crucigramas.

20 * Tome una bebida caliente relajante

Puede disfrutar de muchas bebidas calientes que le ayudarán a relajarse en lugar de excitar su energía. Puesto que la cafeína y el alcohol actúan como estimulantes artificiales y depresivos, limite o evite tomar bebidas con cualquiera de esas sustancias. El alcohol en particular promete un alivio del estrés de corta duración.

Considere estas bebidas calmantes que no tienen riesgo para la salud.

Té de hierbas   La amplia variedad de té de hierbas en el mercado ofrece una gama de sabores que con toda seguridad encontrará alguno de su agrado. Puede comprar té de hierbas en la mayoría de los supermercados y tiendas de alimentos saludables. El té de hierba es una mezcla de hierbas naturales, especias y sabores de frutas. Algunos de los sabores más populares son menta (que les encanta a los pequeños si se les da un caramelo para que lo endulcen), manzanilla, manzana con canela, hojas de naranja o limón y cereza negra. Es posible que prefiera comprar un paquete surtido la primera vez y así podrá decidir el sabor que más prefiere.

Leche tibia   La leche tibia antes de dormir tiene una conocida reputación de inducir al sueño y apresurar la relajación. Una razón es porque al calentar la leche se libera el triptófano, aminoácido que actúa como un suave tranquilizante natural. Puede calentar la leche en una ollita directo en la estufa, o a baño María, o en el horno de microondas. Puede agregar algunas gotas de vainilla para endulzar y darle un rico aroma.

Chocolate en leche caliente   El chocolate caliente es una de las bebidas favoritas de invierno. Puede calentar la leche y polvo de cacao o jarabe en la estufa, o quizá prefiera usar el polvo compuesto, listo para usar agregando agua caliente. Hay variedad de estas bebidas endulzadas con sustituto de azúcar, existen sobres individuales que puede llevar y hasta los hay con pequeños malvaviscos.

Para un antojo de Navidad, ponga crema batida encima del chocolate caliente y azúcar granulada de colores rojo y verde, y sírvalo con una cañita de caramelo. La cañita de caramelo al derretirse le da un sabor especial a menta con chocolate.

El chocolate contiene cafeína. Cuídese de tomarlo con moderación.

Jugo de manzana caliente   El jugo de manzana lo mezcla con cañitas de canela. También lo puede disfrutar usando clavo de olor y canela en bolsitas de tela o en un filtro de té que permita que el jugo de manzana se cuele hasta que las especias le den su sabor al jugo.

21 ✳ Use juegos de video

Mucha gente reconoce el efecto terapéutico de los juegos de video. A pesar de que este pasatiempo parece ser más popular entre gente joven, muchos adultos han descubierto que tomar su turno en el control le ayuda a relajarse. Quizás ha notado cuán absolutamente concentrados se ven los jugadores mientras juegan. Algunos padres se quejan de que sus hijos parecieran estar hipnotizados, incapaces de que nada de lo que les rodea les distraiga. Este efecto hipnótico puede ser justamente lo que usted está buscando para desembarazarse del estrés que le gustaría mantener fuera para que no lo distraiga. ¿Por qué no probar este juego?

Hay muchas variedades de juegos de video. Hay juegos de palabras, tales como Rueda de la Fortuna, el Ahorcado y el Crucigrama. Hay juegos de combate; personajes que luchan unos contra otros. Hay juegos de obstáculos; los personajes deben librar progresivamente obstáculos difíciles para lograr la meta.

Aquí le damos algunas ideas sobre distintos tipos de juegos de video y cómo comenzar a usarlos.

Sistema de juegos para la casa   Los sistemas de juegos en computadora incluyen Nintendo, Supernintendo y Sega Génesis. Cada sistema usa juegos especialmente diseñados para el mismo, que no son intercambiables. Puede alquilar un sistema y juegos de varias tiendas de alquiler de videos y llevarlos a casa para conectarlos en el monitor de un televisor estándar. También puede comprar sistemas de juegos para uso en casa (o esperar hasta que sus hijos estén en la escuela y usen el sistema). La mayoría de los niños son hábiles en el juego de video y les gusta mostrar sus destrezas ante sus padres y enseñarles ciertas habilidades básicas a los nuevos jugadores.

Videogalerías   Las videogalerías se pueden encontrar en la mayoría de los centros comerciales y de diversión familiar. Hay minigalerías en las pizzerías, cines y otros lugares donde se reúne gente joven. El juego cuesta normalmente entre veinticinco y cincuenta centavos por turno.

Tiendas de programas computacionales   La mayoría de las tiendas de programas de computación tienen sección de juegos. En algunos lugares han montado el sistema de juegos para que los posibles compradores puedan probar sus habilidades. Los representantes de ventas de tales tiendas pueden explicarle varios juegos y ayudarlo a comenzar a jugar o a comprar un sistema de juegos.

Juegos de video manuales   Hay muchos juegos pequeños de video que son similares a los juegos de monitor de computadora y son fáciles de llevar y se pueden guardar en la bolsa de mano, en el portafolios o en los bolsillos como una herramienta rápida para aliviar el estrés.

Disco compacto interactivo de juegos de video   Las unidades interactivas de discos compactos para usarse con el televisor son un tanto caras comparadas con los demás sistemas (cuestan cerca de ocho veces más que los sistemas de juegos de video), pero la variedad y el valor educacional de estos juegos es superior.

22 ✴ Sumérjase en un balneario

Puede elegir entre los muchos tipos de balnearios. Todos están diseñados para ayudarle a relajarse y reducir el estrés. Sólo porque no tenga un jacuzzi no significa que no pueda tener los beneficios de un balneario. Considere las siguientes opciones.

Un club deportivo   Puede combinar los efectos de reducción de estrés que provienen de hacer ejercicio físico con la relajación del balneario o piscina si se inscribe en un club deportivo. Una de las ventajas de esta opción es que no tiene que incorporar en su horario la responsabilidad de darle mantenimiento a una piscina.

Inserte un remolino de agua en su bañera   Hay algunos productos que se insertan en las bañeras estándares para crear una burbujeante acción de remolino. De esta forma puede convertir cualquier bañera en un baño de burbujas reductor de estrés.

Ducha de masaje de cabeza   Estas duchas de cabeza usan presión de agua y acción de pulso para convertir su ducha en un masaje relajante. Son fáciles de poner en cualquier ducha estándar y están disponibles en la mayoría de las tiendas por departamentos o mejoras del hogar.

Bañera de casa o tina caliente   Una bañera o tina caliente provee del lugar para relajarse tanto física como mentalmente. Los vendedores de tinas y bañeras ofrecen una amplia variedad de tamaños, formas y precios.

Baño jacuzzi   Si está en el proceso de remodelar o construir su casa, debiera considerar la posibilidad de instalar una bañera jacuzzi que es el doble de la bañera regular. Estas bañeras son más grandes y tienen tubos para dejar salir el agua a chorro. Puede usar la bañera con los chorros de agua o sin ellos.

23 ✳ Ríase

La risa es una forma placentera de deshacerse de la tensión. Posiblemente ha escuchado que la risa es la mejor medicina. Este dicho se basa en hechos concretos. Las investigaciones médicas han demostrado que la risa en realidad tiene efectos terapéuticos en el cuerpo. Acelera la velocidad de su corazón, libera la endorfina dentro de su sistema (la cual actúa como un calmante natural del dolor) y ayuda a liberarse del estrés. Hágase un favor a usted mismo. Dése una dosis saludable de risa.

Aun en medio de los momentos difíciles de la vida, siempre hay un lugar para un poco de risa. La risa puede aligerar la tensión que parece agobiante de manera que pueda lidiar con las dificultades en dosis controlables. Usted puede tomar opciones que le brinden la oportunidad de reír, aun en circunstancias de estrés. Haga un esfuerzo consciente para buscar aquello que es gracioso y exponerse a las cosas que son divertidas. Aun si la risa es sólo por un momento, puede ser tremendamente refrescante.

He aquí algunas formas en que puede reírse.

Piense en cosas que le causan risa   Piense en momentos graciosos, las anécdotas de los hijos, momentos en los que se rió con entusiasmo, momentos embarazosos y demás.

Haga algo divertido sólo por que sí   Elija una actividad que considere divertida, algo como ir a un parque de diversiones o esquiar en agua. Salga y haga algo.

Alquile una comedia en video   La sección de comedias en su tienda local de videos ofrece muchas opciones para hacerle reír. Hay comediantes muy divertidos que tal vez le agraden también a sus hijos.

Vea una serie de comedias clásicas   Como las series de «Los tres chiflados», «El Gordo y el Flaco», «Charles Chaplin» u otras comedias clásicas que son sumamente graciosas. La revista «Selecciones» tiene un juego de videos de tres volúmenes con las mejores risas de todos los tiempos. O revisa la lista de programas de televisión sobre este tipo de series.

Lea un libro gracioso   Consiga un libro de la sección de comedia o humor en su librería local, y léalo en voz alta a alguien. Reírse en compañía puede reducir el estrés en una relación más que ninguna otra cosa. Muchos libros de colección de historietas cómicas son irresistiblemente graciosas.

Hágale cosquillas a alguien que ama   Hay buenas probabilidades de que usted también alcance algo de esas cosquillas.

Trate de no reírse   La risa es una de esas cosas que la gente parece hacer cuando trata de no hacerlo. Anuncie que nadie deberá reírse en los siguientes treinta minutos. Por alguna razón, todo el mundo toma como cómico cuando le dicen que no debe reírse. Para incrementar las posibilidades, haga un juego de esto. Invite a un amigo o niño a tratar de hacerle reír mientras usted trata de no reírse.

24 ✳ Medite en las cosas que no cambian

El estrés se asocia siempre son los cambios que nos afectan. Cuando percibe los cambios como amenazas, su nivel de estrés se incrementa. La vida está constantemente cambiando en formas que la mayor parte de la veces están fuera de nuestro control. Cualquier cosa que pueda hacer para incrementar su sentido de seguridad frente a la incertidumbre le ayudará a lidiar con el estrés normal de la vida. Pensar en cosas inmutables nos ayuda a lidiar con las mutables. He aquí algunas cosas en las que puede pensar.

La naturaleza inmutable de Dios La Biblia dice que Dios no cambia. Dios es confiable y predecible, sólido como una roca en medio de la cambiante arena de la vida. Meditar en Su naturaleza permite incrementar un sentido de seguridad última. Una fuerte creencia en un Dios amoroso e inalterable le da algo firme sobre lo cual descansar durante los tiempos de incertidumbre. Saber quién tiene su futuro en las manos le aliviará de sus preocupaciones acerca de cómo enfrentar el futuro. Durante los tiempos inciertos recuerde estas citas de la Biblia que hablan de la naturaleza inmutable de Dios:

Porque los montes se moverán,
y los collados temblarán,
pero no se apartará de ti
    mi misericordia,
ni el pacto de mi paz se quebrantará,
dijo Jehová, el que tiene
    misericordia de ti (Isaías 54.10).

Porque yo Jehová no cambio;
por esto, hijos de Jacob,
    no habéis sido consumidos.
Desde los días de vuestros padres
os habéis apartado de mis leyes,
y no las guardasteis.
Volveos a mí, y yo me volveré a vosotros,
ha dicho Jehová de los ejércitos[...] (Malaquías 3.6,7).

Por la misericordia de Jehová
    no hemos sido consumidos,
porque nunca decayeron sus misericordias.
Nuevas son cada mañana;
grande es tu fidelidad.
Mi porción es Jehová, dijo mi alma;
por tanto, en Él esperaré (Lamentaciones 3.22-24).

Jesucristo es el mismo ayer, y hoy, y por los siglos
(Hebreos 13.8).

Los aspectos inalterables de la naturaleza

Independientemente del estrés y los cambios por los que está pasando, la vida continúa. La tierra sigue girando, rotando alrededor del sol. El sol sale y se pone. Las olas chocan en la costa. Las estaciones siguen una a la otra en secuencia: primavera, verano, otoño e invierno. Los pájaros emigran. El salmón todavía sigue nadando en contra de la corriente a su tiempo. Enfocarse en lo que permanece igual quizás le ayude a atravesar los cambios de la vida.

25 ✳ Reduzca la sobrecarga de actividad en casa

Era usual que el hogar se viera como un lugar de refugio apartado del mundo estresante, un lugar en el que las confortables rutinas hicieran la vida más tranquila y segura. La imagen de una familia reunida alrededor de la mesa teniendo una agradable discusión después de haber disfrutado de una comida casera, ya no es más la norma. Una imagen más actual de la vida moderna en casa sería algo como esto: Mamá y papá llegan a casa después de salir del trabajo y haber recogido a los niños en la escuela o en la guardería. Y de camino a casa pasan por un restaurante y compran comida rápida para llevar la cena a casa. Después de una apresurada cena, que es posible que la coman frente al televisor, varias actividades compiten para que las atiendan.

Un resultado del rápido cambio de la definición de funciones dentro de nuestra cultura es el estrés extra de la casa. Además de tratar de crear experiencias de calidad como familia en una cantidad limitada de tiempo, las labores que hacen que una casa funcione con agilidad se están acumulando. Siempre que pasa algo inesperado, como una enfermedad, el estrés en la familia puede elevarse a un nivel excesivo.

Las cambiantes funciones también afectan las expectativas dentro de la familia, y el cambio de expectativas con frecuencia crea conflictos. Una mujer que se casó esperando que su marido proveyera los medios financieros para la familia (como era antiguamente), quizás ahora tenga que trabajar para resolver las necesidades económicas. Un esposo que creció esperando que su esposa enfocara su energía solamente en administrar su casa, posiblemente tendrá que ajustarse a la realidad de que su esposa ha elegido incursionar en una carrera o que tenga que trabajar para suplir para el presupuesto familiar. Un padre soltero que nunca esperó educar a los hijos por sí mismo, tendrá que enfrentar solo todas las responsabilidades y administrar además la casa.

Este tipo de cambio en las funciones requiere renegociar las relaciones familiares en bases continuas y lidiar con sus reacciones emocionales ante la vida que quizás sean muy diferentes de lo que se imaginaba que habría de vivir. Estos cambios pueden significar que cada uno debe ajustar sus expectativas y habilidades para cumplir con los retos de la multiplicidad de funciones. Estos cambios también significan que con frecuencia habrá un gran nivel de estrés asociado con el hecho de estar en la casa.

He aquí algunas ideas que le ayudarán a lidiar con la multiplicidad de funciones y cargas en casa.

Aclare las expectativas con los miembros de la familia
Discuta y decida quién se hará responsable de ciertas tareas que harán funcionar la casa. Tenga cuidado de medir las responsabilidades de acuerdo con la edad y habilidad de cada individuo. Una vez que se han aclarado estas expectativas, escriba una descripción de labores y asegúrese que los miembros de la familia acepten sus responsabilidades de la función que les toca realizar para que la vida del hogar funcione.

Esté alerta y sensitivo   Esté tanto alerta como sensitivo a las demandas de las funciones de los demás miembros de la familia. Tengan reuniones familiares semanalmente de manera

que cada uno se entere de lo que está sucediendo con los demás miembros de la familia. Las tareas de estudiante, empleado, empleador, supervisor, amigo, jugador de equipo, miembro de club y demás, implican demandas.

Ayúdense unos a otros a administrar las presiones externas
Discuta las presiones que cada miembro de la familia enfrenta fuera del hogar. Sea sensible a estas presiones que están viviendo. Si uno de los niños tiene un proyecto importante que presentar en la escuela, ayúdele a administrar el tiempo sabiamente y quizás puede pedirle a los demás que le ayuden para aliviarse de algunas presiones de las responsabilidades de casa durante la semana que debe entregar el proyecto. Si uno de los padres o de los hijos tiene demandas presionantes en la escuela o la oficina, aligere la carga de la casa por alguna temporada.

Baje los estándares en las cosas menos prioritarias
Si usted o los demás miembros de la familia están experimentando una sobrecarga de funciones, no habrá forma de que su casa pueda caminar armoniosamente como si alguien dedicado a tiempo completo estuviera haciéndose cargo de las labores del hogar. Por lo tanto, no demande perfección. En todo caso, establezca prioridades en lo que le importa más a la familia y baje los estándares en relación a las cosas que no importan mucho.

Elimine las funciones agobiantes
Si comienza a sentirse vencido por las demandas que le han impuesto, pruebe esto: confeccione una lista de las funciones que debe desarrollar y cada título que ejerce (por ejemplo, madre, empleada, líder de tropa, miembro de un club, empleador, líder de comité, voluntario, etc.) Luego ponga las cosas en orden de

importancia e incluya cuánto tiempo le demanda cada función a la semana. Decida cuáles puede eliminar y excúsese de no poder cumplir con tales funciones.

De las funciones que no se pueda deshacer (padre o empleado si es que debe trabajar), considere cómo podría cambiar su forma de cumplirlas de modo que lograra reducir el estrés. Por ejemplo, si tiene que trabajar, pero su trabajo es demasiado estresante, busque un trabajo diferente que pueda administrar mejor. Si ser padre le impone mucha presión, únase a un grupo de apoyo de padres o tome clases para que le ayuden a mejorar sus habilidades de padre.

26 ✳ Estírese en su escritorio

El Instituto Nacional para la Seguridad y Salud Ocupacional identifica a los gerentes, secretarias y administradores, como trabajadores que tienen un alto rango de enfermedades relacionadas con el estrés. Estos son trabajos típicamente de escritorio que implican concentración, ansiedad y estrés mental. El estrés mental se manifiesta en su cuerpo en forma de tensión muscular y dolores de cabeza. Tomar un momento breve para estirarse en su escritorio puede desviar su atención del trabajo que le está causando ansiedad y aliviarle de los síntomas físicos del estrés que le ocasionan problemas físicos.

Rutina de ejercicios   He aquí algunas ideas para hacer un poco de ejercicio en su escritorio:

- Siempre estírese suavemente y con gusto. Imagínese que se está estirando como un gato; use movimientos deliberados.
- Comience su rutina de ejercicios respirando suave y profundamente.
- Estire sus brazos hacia el frente y separe sus dedos unos de otros tanto como pueda. Después vaya doblando sus dedos con suavidad hasta cerrar su puño y estírelos de nuevo lo más abiertamente posible. Luego junte los dedos

sobre el pulgar y mueva rápidamente sus dedos y así sucesivamente.

- Alce sus brazos por encima de la cabeza y al mismo tiempo bostece o abra su boca lo más que pueda.

- Entrelace sus dedos detrás del cuello y empuje con suavidad su cabeza hasta tocar el pecho con la barbilla, estirando los músculos del cuello. Vuelva la cabeza hacia atrás sin quitar del cuello los dedos entrelazados y lentamente rote su torso hacia derecha e izquierda.

- Póngase de pie y estire sus brazos por encima de su cabeza lo más que pueda, después bájelos suavemente hasta tocar sus hombros, rodillas y dedos de los pies. Si no se puede poner de pie, haga los mismos ejercicios pero en su silla, y cuando se estire para tocar sus pies, ponga su cabeza sobre sus rodillas y deje que sus brazos cuelguen hacia el piso.

- Sosteniéndose a los lados de su silla, apoye totalmente uno de sus pies en el piso y extienda la otra pierna hacia el frente. Alterne extendiendo sus dedos hacia el frente y flexionando el pie varias veces. Cambie la pierna de posición y repita el ejercicio.

- Estire sus brazos hacia atrás y entrelace sus dedos. Luego levante sus brazos por detrás de la espalda lo más que pueda para estirar su espalda, pecho, hombros y antebrazos.

27 ✳ Elija colores tranquilizantes

Importantes estudios han demostrado que los colores tienen un efecto significativo en los niveles del estrés. El libro *Managing Stress from Morning to Night* [Controle su estrés desde la mañana hasta la noche] reporta lo siguiente:

- El color negro es el menos estimulante para el cuerpo.
- Azul, puede elevar el ánimo.
- Café, tiende a ser calmante.
- Verde, en realidad puede incrementar el estrés.
- Rosa, tiene efectos tranquilizantes.
- Rojo, es un color estimulante y que despierta.
- Amarillo, puede reducir el aburrimiento.

Estas conclusiones se han obtenido de estudios científicos que han examinado las respuestas del cuerpo a varios colores midiendo la reacción del humor, la presión de la sangre, los niveles de oxígeno, la conductividad eléctrica de la piel, el comportamiento de enfrentar riesgos, niveles de agresión y hostilidad.

Probablemente usted no ha sido parte de algún estudio científico de los efectos del color en los niveles del estrés, pero si piensa un poco en esto, es probable que pueda ver una asociación entre el color y el estrés en su experiencia personal. La tranquilidad de una guardería de bebés decorada en tonos rosa pálido. La reacción que tiene cuando alguien llega a una entrevista vestida de rojo. El efecto calmante de la sala de espera de un consultorio decorado en tonos de tierra y cálido café. Estas conexiones entre el color y el estrés son bastante obvias.

Marsha Rae es una decoradora de interiores prominente que da clases de cómo elegir los colores para crear un efecto particular. Ha notado que la gente bajo estrés le atrae el color púrpura. También ha predicho que el púrpura será el color de los noventa. ¿No les parece sorprendente? Ella sugiere que siempre que sintamos atracción hacia el púrpura, debemos revisar nuestro nivel de estrés.

Si el color afecta el estado de ánimo y el nivel del estrés, según como lo muestran los estudios científicos y la experiencia personal, significa que usted puede reducir el estrés controlando algunos de los colores que le rodean. He aquí algunas sugerencias.

Su lugar de trabajo   Decore el espacio donde trabaja con colores que le trasmitan calma o que le despierten. Si no le es posible pintar las paredes que le rodean, puede darle color a su espacio usando tapetes, flores de seda, algún tipo de cuadro u obra de arte, y cualquier otro objeto colorido que sea fácilmente movible.

Su casa   Pinte cada cuarto de su casa de tal modo que coincida con sus funciones. Elija tonos que le calmen para los dormitorios o habitaciones usadas para descansar del estrés. Pruebe el azul para las áreas dedicadas al estudio. Use el estimulante amarillo con el blanco para la cocina o el lugar de desayuno. Si no se siente seguro como para hacer estas importantes decisiones sobre la decoración, consulte a un diseñador de interiores que le podrá ayudar a seleccionar los colores que mejor satisfagan las necesidades de su familia en su hogar.

Su ropa   Coordine los colores de su guardarropa para influir en su estado de ánimo y proyectar la impresión e imagen que desee dar. Las consultoras de colores le ayudarán a elegir los tonos de su ropa y cosméticos de modo que combinen con su coloración natural. Cuando logra verse bien, se siente mejor respecto a su ambiente y a usted misma.

28 ✳ Cuéntele a alguien sus secretos

Guardar secretos puede ser muy estresante. Un reporte reciente de noticias ejemplifica este hecho. Un doctor bien respetado, entrado en sus cincuenta y que parecía estar en buen estado de salud, murió repentinamente de un ataque al corazón. A su muerte, dejó tres viudas, había estado casado con ellas simultáneamente. Ninguna de las tres tenía conocimiento previo de las otras dos. El ocupado doctor escondió su vida secreta tras la nebulosa pantalla del ajetreado horario del hospital. La verdad es que estaba ocupado cubriendo sus correrías. ¿Pueden imaginarse el nivel de estrés en el que este hombre vivía cada instante del día? No es de sorprenderse que muriera de una enfermedad inducida por el estrés.

Este ejemplo es extremo. Sin embargo, si usted guarda algún secreto, esto implica un nivel extra de estrés: el de luchar con sus conciencia, el de preocuparse de lo que pueda suceder si le descubren y el de tener que cubrir lo que trata de ocultar.

Decirle a alguien sus secretos puede reducir profundamente su nivel de estrés si es que lo hace en un ambiente confidencial. Pero si sus secretos están expuestos a cualquiera que podría reaccionar en su contra, decir sus secretos podría ser todavía más estresante que mantenerlos en secreto. Por lo tanto, elija con cuidado cuándo, cómo y a quién le ha de revelar sus secretos. Aquí le damos algunas guías que es bueno tener en mente.

Comience por ser sincero con usted mismo   Si está luchando con algo vergonzoso o relacionado con algún comportamiento de compulsividad adictiva, busque un grupo de los Doce Pasos relacionado con su situación. Uno de los principios de estos grupos es ser sincero con uno mismo, con Dios y con algún otro ser humano. Estos grupos están comprometidos a mantener en confidencia los secretos que se revelan a la vez que ofrecen el apoyo de otros que han experimentado luchas similares.

Minimice el riesgo   Debe tener extremo cuidado de encontrar a alguien que es reservado para decirle sus secretos. Si es que guarda secretos por miedo al rechazo, no arriesgue el rechazo cuando diga sus confidencias por primera vez. En todo caso, dígale sus secretos a alguien que está legal o moralmente comprometido a mantener su confidencia. Busque un terapeuta profesional que está comprometido por ley a guardar su secreto, o a un clerigo que está sujeto a la confidencialidad como su código moral estricto.

Estas son algunas de las cualidades que se deben buscar en un confidente:

- Humildad
- Aceptación de los demás
- Compasión
- Actitud no enjuiciadora
- Un oído que sepa escuchar
- Fidelidad en guardar confidencias
- No intereses velados, ni gana ni pierde nada en decir lo que usted le revelará.
- Una actitud optimista ante la vida

¿Contarle a su pareja?   Quizá se sienta inclinada a contárselo a su pareja, pero se pregunta si será una buena opción.

Idealmente, debiera ser capaz de hacerlo y confiar en que le ame en las buenas y en las malas. Sin embargo, como no vivimos en un mundo ideal, considere cuidadosamente hasta qué punto y en qué momento revelar sus secretos a su pareja. Quizá requiera la ayuda de un consejero matrimonial profesional.

29 ✴ Practique una buena postura

Una mala postura le puede llevar a tener tensión muscular, dolores de cabeza, mareos, daño en las articulaciones y otros síntomas relacionados con el estrés. La respiración profunda, la cual reduce el estrés, se dificulta por una mala postura. Mejorar su postura al sentarse y pararse permite un mayor flujo de oxígeno, la columna recta y, en general, una mejor salud. Usted puede reducir el estrés físico aprendiendo a eliminar una mala postura para reemplazarla por una buena.

Considere estos ejemplos de mala postura:

- Recostarse en lugar de sentarse sobre la silla
- Colgar sus hombros
- Encorvar su espalda
- Arrastrar los pies al caminar
- Inclinar su pelvis
- Inclinar su cabeza o cuello hacia un solo lado

La siguiente es una lista para que evalúe su buena postura.

Cuando se siente   Mantenga sus pies apoyados en el piso hacia el frente de su silla. Asegúrese de que la altura de la silla es la apropiada de modo que le permita hacer eso a la vez que mantiene sus piernas dobladas en un ángulo de cuarenta y cinco grados. Si sus rodilla sobrepasan sus caderas o si tiene que estirar los dedos de los pies para alcanzar el piso, su silla no tiene el tamaño apropiado para usted.

Mantenga su cabeza erguida. Evite dejar que su cuello cuelgue hacia adelante. Imagine que tiene un hilo pegado al centro de la parte de arriba de su cabeza, que lo está levantando suavemente hasta que su cabeza y cuello están alineados con su columna.

Cuando trabaje en la computadora

Si usa un monitor de computadora, determine si está ajustado a la altura correcta. Siéntese en su silla con las manos colocadas en el teclado. Cierre sus ojos y adopte una posición recta con su espalda y cabeza confortablemente erguida, apuntando en dirección hacia la pantalla. Cuando abra sus ojos, debe estar viendo directamente hacia la pantalla sin tener que levantar o bajar su vista.

Cuando escriba a máquina

Una silla con respaldo recto es lo mejor cuando trabaja y escribe en un escritorio. Si pasa mucho tiempo escribiendo a máquina, asegúrese que su silla le da el soporte que su espalda necesita.

Cuando esté parado o caminando

Mantenga su cabeza centrada sobre su tronco y erguida, los hombros hacia atrás, el pecho levantado, la pelvis derecha y los pies hacia adelante.

Tampoco tiene que adoptar una rígida posición militar. Al contrario, cerciórese de que su cuerpo está alineado como debiera ser a la vez que mantiene sus músculos relajados. Su rectitud debe estar de acuerdo con su espalda, su columna está recta con su cabeza directamente encima de su columna. Al verse de lado, su columna deberá formar una suave curva algo así como una S.

Quizás desee ver a un quiropráctico que le ayude con los efectos de haber mantenido una mala postura por mucho tiempo.

30 ✴ Coma una dieta saludable

Una dieta saludable es la base fundamental para una vida saludable, incluyendo el ser capaz de enfrentar el estrés. Cuando está bajo estrés, su cuerpo demanda más nutrientes de los que ordinariamente necesita. También, estar bajo estrés puede poner en acción un ciclo de alimentación que en realidad le hace menos capaz de controlar el estrés. Es posible que deje de comer para enfocarse en aquello que le está causando el estrés, o bien, puede ser que coma compulsivamente en recompensa (que regularmente es alta en grasa y azúcar) para levantarse el ánimo. De cualquier forma, su cuerpo tiene un estrés extra a causa de una dieta desbalanceada en un momento que necesita un suplemento de comida nutritiva.

También es sabido que el estrés agota las vitaminas B y C del cuerpo. Las vitaminas B son parte del proceso que produce bioquímicos en las células de su cerebro para enviar los mensajes de un extremo al otro de un nervio. Cuando tiene deficiencia de vitaminas B, es posible que experimente fatiga, confusión, depresión y otros síntomas que le pueden hacer menos capaz de lidiar con el estrés.

Es necesario un suplemento adecuado de vitamina C para que su cuerpo se recupere del estrés físico tales como embarazo, cirugía, quemaduras, huesos fracturados y ciertos tipos de terapia de drogas. Los estudios también muestran que los suplementos de la vitamina C pueden prevenir algunos efectos adversos de la típica contaminación industrial, ayudando a su cuerpo a lidiar con los efectos físicos de algunos químicos peligrosos en el medio ambiente.

Cada individuo tiene una capacidad mental única para ser capaz de manejar el estrés. Sin embargo, todos podemos enfrentarlo mejor cuando tenemos una dieta rica en vitaminas B y C.

A continuación le damos algunas ideas que le pueden guiar para comer una dieta saludable que le ayudará a controlar mejor el estrés.

Vitaminas B   Coma alimentos naturalmente ricos en vitaminas B tales como carne de res, pollo, huevos, hígado, leche, productos lácteos, cerdo, malta, vegetales de hojas verde oscuro, granos completos, pan y cereal enriquecidos, nuez, semillas y trigo.

Fuentes naturales de vitamina C   Su cuerpo necesita de treinta a sesenta miligramos de vitamina C diariamente. Puede obtener la vitamina C de las frutas y vegetales frescos, especialmente las frutas cítricas, tomates, papas, vegetales de color verde oscuro y del pimiento morrón.

Suplementos   Si bien algunos expertos recomiendan suplir sus vitaminas y minerales por medio de la comida natural siempre que sea posible, también puede tomar diariamente un suplemento multivitamínico que le provea los requerimientos diarios, o suplementar su dieta con vitaminas B y C. Estas a veces vienen en paquetes que se llaman tabletas para el estrés.

Comida congelada   Si está demasiado ocupado o demasiado estresado para cocinar una comida balanceada, elija comidas congeladas que están preparadas para dietas saludables y balanceadas. Hay varias marcas tales como Weight Watchers, Healthy Choice, Jenny Craig y otras más que proveen comida a los consumidores conscientes de la salud.

Bocadillos y golosinas Tenga a mano bocadillos saludables que le den energía y le ayuden a mantenerse alejado de aquellos que son altos en grasa y azúcar, y hacia a los que todo mundo tiende a buscar cuando está bajo estrés. Trate de proveerse de vegetales y frutas frescas, galletas de granos enteros y yogurt bajo en grasa que estén al alcance de su mano.

Cafeína Libérese de la cafeína y otros estimulantes por el estilo. Cuando sienta la necesidad de avivar su metabolismo, coma algún bocadillo o golosina altos en proteínas —huevo duro hervido, nueces, semillas, leche, queso, o mantequilla de maní— en lugar de cafeína. Al final, la cafeína le pondrá nervioso y quizás le resulte adictiva, tenga cuidado cuando decida dejarla. Si lo hace de manera abrupta, puede experimentar dolorosos síntomas por el abandono, tales como severos dolores de cabeza. Disminuya gradualmente su ingestión de cafeína durante el curso de los días o quizás hasta en varias semanas.

31 ✴ Ore

La oración puede ayudarle a controlar su estrés en muchas maneras. El simple hecho de parar lo que está haciendo para orar le dará un momento de alivio. Si inclina la cabeza y cierra sus ojos, como mucha gente tradicionalmente lo hace cuando va a orar, puede ganar algo de quietud. La oración puede ser su lazo con Dios, que le responde sus oraciones y cambia las circunstancias que le causan el estrés. La oración también puede ser el tiempo personal de reflexión que cambie su: actitud, perspectiva, relación con Dios y el curso futuro de acción.

Aquí le damos algunas ideas de cómo orar para aliviarse del estrés.

Una actividad regular   Ore con regularidad en lugar de sólo cuando esté bajo extremos de estrés. Al hacer de la oración una práctica regular, disfrutará de los constantes beneficios de la meditación y reflexión personales, y desarrollará una estrecha relación con Dios. Cuando se tiene una relación familiar con Dios, se goza de más fe en que Dios escucha sus oraciones y le responderá cuando está bajo estrés.

Sea agradecido   Cuando ore, exprésele gratitud a Dios por las cosas buenas que le ha dado en su vida. Contar sus bendiciones en la oración puede poner las cosas estresantes de la vida en perspectiva de manera que se vuelvan menos angustiosas.

Sabiduría   Pídale a Dios sabiduría. A veces se pierde el control de la vida y no sabe qué hacer para cambiarla y reducir el estrés. En esos momentos, pídale a Dios que le dé sabiduría para reducir o enfrentar el estrés del que no puede escapar.

Una conciencia tranquila   Dígale a Dios las cosas que ha hecho y de las cuales se lamenta. Tener una conciencia tranquila alivia un buen trecho del estrés.

Preocupaciones   Entréguele sus preocupaciones. La Biblia dice: «echando toda vuestra ansiedad sobre Él [Dios], porque Él tiene cuidado de vosotros». Ponga en una lista cada una de las cosas y pídale a Dios que se haga cargo de ellas. Cuando estas cargas y preocupaciones vuelvan a pesar sobre usted, recuérdese que están en buenas manos, en las manos de Dios.

Actitud   Pídale a Dios que le revele cualquier cosa en sus actitudes o acciones que necesiten un cambio. Luego permanezca en quietud a medida que escucha cualquier clave que le venga a la conciencia respecto a áreas de su vida que necesitan un cambio.

Hijos de Dios   Confíe en que Dios le escucha y que le responderá sus oraciones. Dios nos dice que es nuestro Protector en los cielos. Véase como un hijo de Dios. Habrá tiempos en los que le pida a Dios algo como a un padre y Dios en su sabiduría le responderá con un no. Sólo porque no siempre obtiene lo que desea a través de la oración, no deje de orar. Dios puede retardar las cosas. Él sabe que a la larga eso que pide no será bueno para usted.

Peticiones específicas   Ore tan específicamente como le sea posible. Por ejemplo, en lugar de orar: «Dios mío, bendice a mis amistades», ore: «Dios mío, por favor ayuda a mi amiga a encontrar un trabajo que le dé suficiente dinero para cubrir los gastos de su presupuesto mensual».

32 * Escuche algo tranquilizante

Lo que escucha tiene un efecto funesto en su nivel de estrés. Si está rodeado de un sonido cacofónico desagradable, voces discutiendo, u otra forma de contaminación de ruido, es probable que experimentará estrés como resultado. Las evidencias que arrojan los estudios realizados en países alrededor del mundo muestran la conexión entre los niveles altos de voz y las enfermedades relacionadas con el estrés.

Le presentamos enseguida algunas ideas para controlar lo que escucha.

Descanse de los ruidos   Ingénieselas para tener un momento de tranquilidad durante el día. Apague el televisor, la radio y cualquier otra cosa que produzca ruido. Cierre las ventanas y las puertas al ruido del mundo exterior. Si no puede tener calma en casa, vaya a otra parte donde sí la pueda tener. Pruebe ir a una biblioteca, o una capilla, o a alguna iglesia.

Escuche música que le cause placer   Elija música que disfrute. Si interfiere algún ruido que compita con su música favorita, use audífonos.

Escuche casetes especialmente creados para relajarse

Algunos casetes han capturado el suave sonido de la naturaleza. Hay, entre otros sonidos del exterior, grabaciones de olas que rompen en la playa, pájaros de alegre trinar, arroyos que corren en medio del bosque y rugientes cascadas.

Siempre que se sienta estresado, puede cerrar sus ojos, poner sus pies en alto, poner uno de estos casetes y dejarse llevar por ese momento de descanso lejos de las presiones del día.

Reduzca el nivel de ruido en su trabajo

Si está rodeado de ruido indeseable en su trabajo, haga lo que pueda para reducir su nivel o aléjese cambiando de lugar en su área de trabajo.

Use tapones para sus oídos

Si no puede reducir el ruido que le rodea, redúzcalo poniéndose tapones en sus oídos. Hay varios tipos de tapones para oídos y algunos de ellos son bastante confortables. Pregunte al farmacéutico de su localidad para que le ayude a encontrar el estilo que mejor le siente y sea cómodo a la vez que reduzca el ruido.

33 ✴ Pruebe la jardinería

La jardinería es una forma plena de relajarse y liberarse de las tensiones. Hacer hoyos en la tierra puede ser una manera de jugar. Escarbar la tierra y sacar las malas hierbas es una forma no destructiva de liberar su agresión. Plantar flores hermosas tiene un efecto estético. Atender sus plantas mientras crecen desarrolla paciencia y le permite un descanso del mundo que le demanda resultados instantáneos. Aparte de todo esto, la gente que disfruta de la jardinería le dirá que es una actividad bastante entretenida.

La jardinería la puede hacer solo si siente la necesidad de escaparse para poder relajarse. O si está buscando alguna actividad que pueda realizar toda la familia, la jardinería la pueden disfrutar tanto los chicos como los mayores.

He aquí algunas ideas.

¿Patio o macetas?   Si tiene un solar, use una porción de este para hacer su jardín. Siembre lo que quiera y que se dé bajo las condiciones del clima y el suelo en donde vive. Pregunte en algún vivero respecto a las fechas de siembra. Cuando seleccione los vegetales que vaya a plantar, tenga en mente cuáles son sus favoritos a la hora de la comida.

Si no tiene un solar en el cual plantar, use macetas que podrá poner en el patio o en las ventanas para crear un jardín de flores, frutas o vegetales.

Disfrute de un jardín o vivero que puede caber dentro de la ventana de su cocina.

Haga buen uso de sus macetas. Plante flores que florezcan en todas las estaciones.

El placer del follaje   Si no tiene un jardín pero tiene árboles, póngase a barrer las hojas para relajarse. La combinación de ejercicio, aire fresco y belleza de estar en contacto con la naturaleza le reducirán la tensión. Si después de todo se quiere divertir un poco, pruebe a jugar con las hojas que recogió. Si necesita instrucciones, cualquier pequeño le podrá mostrar cómo usar un montón de hojas secas de la mejor manera.

Tiempo de aprendizaje   Si no sabe cómo hacer jardinería, hay varias formas de aprender:

- Pregunte a alguien que sepa y tenga jardín. A los jardineros con frecuencia les encanta hablar de su pasatiempo y contar sus experiencias. Una caminata alrededor del vecindario tal vez le ayude a encontrar a alguien que se goce con la jardinería.
- Lea libros o revistas de la biblioteca pública que hablen sobre jardinería. Hay recursos para los principiantes así como para los expertos en jardinería. La bibliotecaria le podrá guiar hacia los recursos que necesite.
- Visite algún vivero de su localidad y pida al propietario que le sugiera las plantas con las que podría trabajar dadas sus circunstancias.
- Visite o únase a un club de jardinería de su comunidad. Los puede localizar por medio del vivero o revisando la lista de los clubes en uno de los periódicos de la comunidad.
- Suscríbase a una revista de jardinería.

34 ✳ Disfrute la belleza de la naturaleza

Hay algo de la belleza de la naturaleza que tiene un efecto terapéutico. Estar al aire libre es un placentero entorno que puede poner el estrés de la vida en perspectiva. Las siguientes sugerencias pueden guiar a cualquiera hacia la belleza natural. Algunas de estas sugerencias posiblemente requieran más tiempo o viaje de lo que pueda costearse, pero otras se pueden disfrutar donde sea y en breves minutos.

Agua   Siéntese en la playa y observe cómo las olas rompen en la playa.

Siéntese cerca de un riachuelo y vea cómo fluye el agua hacia el mar.

Montañas   Vaya a las montañas. Suba o escale. Juegue en la nieve o déjese resbalar colina abajo.

Nubes   Tiéndase de espalda y mire cómo flotan las nubes. Trate de imaginar qué representan sus formas.

Flores   Disfrute de una flor. No la mire sólo de reojo. Véala de verdad, observe su forma, simetría y variedad de colores.

Contemple una flor pequeñita de las que se encuentran en el camino, y dése el gusto de apreciar ese primor a sus pies. Deténgase para oler las rosas. Toque y sienta la sedosa suavidad de los pétalos. Salga a caminar (aunque sea por su calle) y concentre su atención en cada flor que vea al pasar.

Insectos   Observe a los insectos. Vea a las catalinitas. Siga a una mariposa y vea hasta dónde va. Levante una roca y considere el mundo debajo de ella. Dé una caminata con la intención de notar todos los insectos a su paso.

Pájaros   Mire los pájaros. Observar pájaros con o sin binoculares puede ser interesante, educacional y divertido. Esté atento para ver cuántos pájaros logra encontrar. Véalos volar. Escuche su trinar.

No posponga disfrutar de la naturaleza hasta que tenga vacaciones. Aun si vive y trabaja en la ciudad, encontrará la belleza de la naturaleza en el lugar que se encuentra. Ponga atención a los árboles, las flores, el cielo. Reflexionar en esas bellezas le despejará la mente de las presiones y le ayudará a relajarse.

35 * No acepte compromisos que no pueda cumplir

El estrés se produce con frecuencia cuando usted se enfrenta a su incapacidad de mantener sus compromisos. Estos pueden tomar la forma concreta en una deuda financiera en la que se compromete a hacer pagos regulares por encima de su posibilidad económica. Quizás se vea involucrado en alguna relación de negocios en la que se sienta incapaz de estar al día con los términos del acuerdo. A lo mejor acepte ajustarse a horarios que no van con su estilo de vida o que interfieren con otros compromisos. Tal vez se ha mezclado en una relación personal muy comprometida en la cual las expectaciones de la otra persona crean demasiadas demandas. Todos estos tipos de estrés se originan con un compromiso inicial de su parte.

Puede reducir en gran medida su estrés reconociendo las cosas en las que se ha comprometido excesivamente en el pasado, y hacer los cambios pertinentes. A continuación le damos algunas ideas específicas para ayudarle a que se libere de compromisos demasiados pesados de llevar.

Conózcase a sí mismo y a sus limitaciones   Si conoce su estilo personal en términos financieros, de administración de tiempo y de relaciones interpersonales, podrá determinar con más facilidad si un compromiso es demasiado para usted.

Haga compromisos que se acomoden a sus limitaciones. Por ejemplo, si parece que siempre anda corriendo y se le hace tarde, no se comprometa a ser la persona que abre la puerta de la oficina para los demás empleados.

Controle su interés por agradar a los demás

Hay muchos individuos que contraen compromisos sólo porque quieren agradar a otras personas. A la gente que le agrada complacer a los demás le cuesta mucho trabajo decir que no a cualquier cosa o compromiso que le pidan que realice, sólo por miedo a desagradar a otros. Si usted tiende a decir que sí cuando en realidad debería decir que no, descubra el porqué. Puede ser tan sencillo como revaluar su vida, darse cuenta de este patrón de conducta y decidirse a decir no cuando sea necesario. Si no puede dejar de comprometerse en exceso por temor al rechazo o cosas por el estilo, quizás le será útil hablar con un consejero acerca de este asunto.

La realidad de la situación es que su deseo de complacer le precipita a decir que sí, pero sus limitaciones le pueden impedir el cumplimiento de sus compromisos. Cuando su incapacidad para cumplir se hace evidente, a la persona que trataba de agradar no le gustará esto nada. Y entonces usted experimentará mayor estrés, que hubiera podido evitar desde el principio.

Mantenga un registro de sus compromisos

Registre todos sus compromisos, después consúltelo antes de agregar uno más. Quizás acepte algún compromiso sin percatarse exactamente de cómo habrán de acomodarse cada uno de los demás compromisos con este nuevo que acaba de adquirir. Incluya entre sus compromisos los papeles básicos que forman el fundamento de su vida, tales como ser padre, pareja, cuidar de su padre anciano y cosas por el estilo. Enseguida de cada compromiso registrado, apunte qué requiere de usted en términos de tiempo, energía y dinero. Le ayudará a ver cuándo se esté pasando de la línea y esté tratando de hacer más de lo que puede.

Pida una opinión objetiva   Pídale a una persona objetiva que le conoce y al que le importa su bienestar que le dé una opinión acerca de la toma de algún nuevo compromiso. Siempre que esté a punto de agregar nuevos, muéstrele a esta persona el registro de sus compromisos, escuche sus comentarios e incorpórelos en el proceso de su toma de decisión. Algunas veces el deseo de hacer algo puede nublar su realismo. Contar con alguien que no está involucrado emocionalmente en la decisión puede ayudarle a ser más realista.

Aprenda a decir no   Si no sabe cómo decir no, terminará en situaciones que le aumentarán el estrés. Lo que pasa es que quienes nunca dicen no se crean una reputación de siempre estar disponible. Y se les pide que ayuden más que a los demás. Cada vez que se necesiten voluntarios para trabajar en algún proyecto especial, que se necesita a alguien que cocine algunas galletas para la escuela, que un amigo necesita una mano que le ayude, los que nunca dicen no estarán al principio de la lista. Por lo tanto, hasta que no aprenda a decir no se crea un ciclo que finalmente le llevará a un exceso de estrés.

Decir que no realmente no es tan difícil como usted lo piensa. No tiene por qué entrar en largas explicaciones para decir el porqué no puede ayudar. Sólo diga: «No, lo siento mucho, no tengo tiempo libre». Pruebe decirlo varias veces. Resulta fácil con la práctica.

36 ✳ Deje de hacer demasiado

Si está haciendo demasiado, continuamente estará batallando con el estrés. Hacer demasiado crea presiones de tiempo, le impide el descanso y la recreación que necesita, y disminuye la calidad de las relaciones familiares y con otras personas. Con la continua presión de que nunca se siente satisfecho, la fatiga y la falta de tiempo de calidad para fomentar las relaciones con las personas amadas, está a punto de volverse irritable. Eso a la larga debilitará su calidad de vida en el trabajo. Una forma de romper con este círculo estresante es cortar con lo que está haciendo.

He aquí algunas ideas que le ayudarán a parar de hacer demasiado.

Reconozca que está haciendo demasiado ¿Cuánto es demasiado? Bueno, eso depende de cada persona. Sin embargo, debe considerar algunos indicadores. Constantemente está forzado a andar de prisa. No tiene tiempo para escuchar a sus pequeños cuando intentan decirle algo. Siempre está atrasado en sus proyectos y compromisos. Sus seres amados se quejan de que no tiene tiempo para ellos. Siempre que se supone que está jugando a relajándose, se siente atacado por pensamientos de lo que debería estar haciendo y que no está haciendo. Tiene problemas para dormir. Experimenta frecuente o constante fatiga. Está irritable. Nunca se siente del todo satisfecho. Si estos indicadores están presentes en su vida, seguramente es por que hace más de lo que puede.

Establezca prioridades concretas   Antes de comenzar a cortar las actividades que hace, necesita aclarar la importancia relativa de sus tareas. Haga una lista de las cosas en las que gasta más tiempo y energía al realizarlas. Después, sitúelas en orden de importancia, de las más a las menos importantes.

Disminuya las de poco importancia   Decídase a dejar de hacer las cosas que son relativamente de poca importancia. Comuníquese con quien quiera que se vea afectado por su decisión de cortar con esa actividad, o cambien su nivel de involucramiento en alguna actividad en particular.

Cambie su estilo de vida   Considere la posibilidad de cambiar su estilo de vida de modo que le libere de las presiones de hacer demasiado. Si se encuentra haciendo demasiado porque tiene que suplir lo suficiente para cubrir las necesidades de la familia, si se trata de padre solo, considere qué tanta ayuda más puede solicitar, de tal modo que se libere un poco de las presiones. Si tiene que trabajar duras horas para mantener el estándar de vida que le gusta llevar, considere si podría vivir más sencillamente de modo que las demandas financieras no fueran tan grandes. Si está haciendo demasiado en esta etapa de su vida porque está luchando por alcanzar una meta que se propuso cumplir en un tiempo determinado, considere la posibilidad de concederse un tiempo adicional. Por ejemplo, si está trabajando y yendo a la escuela a tiempo completo para graduarse en cuatro años, considere permitirse la posibilidad de graduarse en seis años tomando una carga académica menos pesada.

37 ✶ Llore de verdad

¿Alguna vez se ha sentido mucho mejor después de un buen llanto? Bueno, debe haber alguna buena explicación científica para eso. El llorar cuando se está emocionalmente agitado o bajo enorme estrés puede en realidad ayudar a restaurar el balance químico de su cuerpo. El libro *Managing Stress* [Controlando el estrés] reporta lo siguiente:

> El análisis químico de las lágrimas derramadas por personas que estaban viendo películas emocionalmente conmovedoras comparado con el de las que fueron expuestas al vapor de la cebolla demuestra que las lágrimas emocionales contienen un nivel mucho más grande de proteína. Las lágrimas, en teoría, pueden ayudar a remover los químicos que se generan durante una situación emocionalmente estresante, por lo cual restauran el balance químico del cuerpo.

Otros estudios han demostrado que en los grupos de control, las personas que no se avergüenzan de llorar en público están menos expuestas a enfermedades relacionadas con el estrés que las que ven el llanto como un signo de debilidad. Esta evidencia demuestra lo que usted debe saber por su experiencia: llorar le hará sentir mejor en una situación estresante.

Piense acerca de las lágrimas. Fluyen de usted: limpian, refrescan, relajan y se llevan la tristeza. Es casi como si pensáramos que nuestras lágrimas se llevan algo de los sentimientos que nos angustian. La gente habla de ahogarse en sus emociones.

Las lágrimas que fluyen pueden evitar que usted se ahogue y a la vez lo libran de algunas presiones emocionales.

Algunas veces la gente se enfrenta a un estrés emocionalmente angustioso que les dificulta expresar sus sentimientos en palabras. En ocasiones, cuando las palabras no pueden llevar las emociones, llorar es una forma de liberar esas emociones. Pueden ser lágrimas de pena, pérdida, miedo, dolor, tristeza, felicidad o ira. A veces cuando las palabras nos traicionan, nuestras lágrimas pueden ser más elocuentes.

Aquí le ofrecemos algunos consejos de cómo tener un buen llanto.

Permítase llorar   En lugar de evitar los detonadores emocionales que rodean a las dificultades emocionales, expóngase a las cosas que le ayuden a que sus sentimientos afloren. Estos detonadores tal vez sean fotografías, aromas, lugares con un significado simbólico especial en su vida, cartas, notitas, la recreación de un ambiente por medio de música, o simplemente una canción o una película triste.

Búsquese un lugar seguro para llorar   Busque a alguna persona amiga que le ofrezca un hombro donde llorar. Vaya a su cuarto y llore en su almohada. De un paseo por la orilla del mar. Si está rodeado de personas que le hacen sentirse avergonzado porque llora, la liberación positiva que logre por medio del llanto será contrapuesta por el estrés adicional que le crea la reacción negativa.

No luche contra sus lágrimas   Cuando sienta que quiere llorar, no trata de ahogar sus sentimientos, ni trate de olvidar artificialmente sus verdaderos sentimientos. En lugar de eso, déle rienda suelta a sus sentimientos a través de sus lágrimas. Después de eso podrá buscar algo que le haga sentirse mejor.

38 ✳ Escápese con un buen libro

La lectura siempre ha sido un gran escape. Las casas publicadoras fueron unos de los pocos negocios que se mantuvieron en pie bastante bien durante la Gran Depresión, y tienden a crecer durante los tiempos de recesión. La razón es que a medida que el estrés crece durante los tiempos de dificultades económicas, la gente reduce su estrés a través de la lectura.

Estas son algunas ideas para que se escape con un buen libro.

Elija el tipo de libro que más le guste   Para escaparse de las presiones que le rodean, elija un libro que le cautive su interés. Puede elegir libros de acción y aventuras, misterio, romance, ficción histórica, humor, ciencia ficción, la espeluznante novela sicológica, las del oeste y otro tipo de historias.

Lea libros condensados   Si dice que no tiene tiempo para leer porque su horario es muy apretado, lea libros condensados en lugar de las ediciones completas.

Escuche audiolibros   Si no es de los que disfrutan leyendo un libro o siente que no tiene tiempo extra para leer, intente escucharlo mediante un casete. Quizás le ayude a relajarse mientras escucha la historia antes de irse a dormir o mientras conduce su auto hacia el trabajo.

Mantenga un libro cerca de su cama   Si tiene dificultad para alejar sus pensamientos de las presiones estresantes, trate de leer antes de irse a dormir. Algunas veces al cambiar de pensamientos le permitirá relajarse lo suficiente para que pueda ir a dormir. Si se despierta a media noche y no logra volver a dormir, el libro al lado de su cama le mantendrá alejado de las preocupaciones que le causan el insomnio.

Lea historias cortas   Si no disfruta con la lectura de novelas largas, trate de hacer lecturas cortas. Procure tener a la mano un libro de poesía, de cuentos, o de notas memorables para leerlo siempre que se sienta estresado. Algunas veces este receso de lectura le proveerá un agradable descanso en medio de circunstancias estresantes sin tener que tomar mucho tiempo.

39 ✳ Pida ayuda

Cuando está experimentando una sobrecarga de estrés, puede reducirlo si pide ayuda. El estrés que causa una sobrecarga de trabajo, demasiados compromisos, o excesivas demandas de su tiempo y energía puede reducirse pidiéndole a alguien que le ayude con algunas de sus tareas. El estrés emocional se puede aliviar contando sus tristezas a personas que le comprenden o pidiendo la ayuda de un consejero profesional. El estrés creado por las dificultades financieras se aliviará recibiendo la asesoría de un consultor financiero que le muestre cómo rediseñar su situación financiera. El estrés financiero también se puede reducir pidiendo un préstamo que le dé un respiro en su situación.

He aquí algunos consejos para pedir ayuda cuando está bajo estrés.

Pida ayuda   Si se da cuenta de que está sobrecargado, pídale a alguien al que usted le importa, que le dé su ayuda. Quizás puede decir algo así: «De verdad que me serías de mucha ayuda. Estoy tan cargado por las cosas que tengo que hacer, que ya he comenzado a sentir el estrés. ¿Podrías ayudarme haciendo unos pocos mandados para sentirme con menos presión?»

Sea específico   La gente está más dispuesta a ayudar cuando se le dice específicamente qué es lo que quieren que haga. No pueden saber por dónde empezar o qué es lo que usted tiene en su agenda que le causa tal estrés. Deténgase un momento para identificar qué es lo que le preocupa de las cosas que tiene que hacer o qué se siente incapaz de cumplir. Después pídale a la gente que le ayude con las cosas que aparecen en su lista.

Muestre gratitud   Asegúrese de demostrar su agradecimiento por el acto y el efecto. Siempre que alguien le ayude haciendo algo que reduzca su nivel de estrés, déle las gracias por su acción y por lo que eso representa para usted. Quizás pueda decir algo como: «Gracias por haber llevado esos paquetes al correo. Con sólo saber que eso estaba listo me permitió continuar con el proyecto sin tener que distraerme por la preocupación de que podría perder la fecha límite del envío».

Busque ayuda especializada   Pida ayuda a personas hábiles en lidiar con las cosas que a usted le provocan estrés. Identifique lo que sospecha es la fuente de su estrés, después busque ayuda apropiada para la raíz del estrés en su vida. Si está en constante conflicto con su pareja, solicite ayuda de un consejero matrimonial profesional. Si está luchando con otros problemas relacionados con su familia, contacte una organización como *Enfoque a la familia,* para que le den orientación apropiada. Si las deudas incontrolables están elevando el nivel de estrés, consulte a un asesor financiero. Si está físicamente enfermo, busque el tratamiento de su médico. Cuando enfrenta un problema con la ayuda de alguien preparado en lidiar con ese problema, es probable que va a obtener los resultados que usted necesita.

40 ✳ Intégrese a su comunidad

Algunas situaciones que podrían resolverse con facilidad como miembro activo de su comunidad pueden ser altamente estresante si no está ligado a ella. Esa es una de las razones del porqué mudarse puede se estresante. Tiene que acoplarse a una nueva comunidad. La soledad y aislamiento le pueden crear también problemas o contribuir a los sentimientos de estrés. Cuando tiene que enfrentar solo sus problemas, cuando siente que nadie comprende ni le importan las presiones de su vida, cuando se siente rechazado por los demás o sin contacto de quienes le rodean, la vida le será más estresante que si estuviera ligado a una comunidad que se preocupara por usted.

Aquí le ofrecemos algunas formas en las que le será de ayuda unirse a su comunidad para reducir el estrés.

Interdependencia y sentido de dependencia   Está en una posición de ayudar a otros y que otros le ayuden a usted. Al involucrarse en la comunidad le permitirá encontrar sentido de pertenencia. Cuando se involucra con otros que tienen sus mismos intereses, sentirá que pertenece al grupo del que se asocia. Algunas posibilidades a considerar incluyen el lugar de adoración, organizaciones de servicio a la comunidad, organizaciones de servicio voluntario, grupos de apoyo, grupos relacionados con la familia, tales como clases para aprender a cuidar mejor de sus hijos, o clubes para niños de servicio a la comunidad.

Recursos   Dentro de su comunidad usted puede identificar los recursos que llenen sus necesidades. A medida que se una a su comunidad, encontrará la ayuda médica, recursos educacionales, recursos espirituales, entretenimiento y otros más. Tener estos recursos localizados, le dará un mayor sentido de seguridad y la certeza de saber a dónde ir en momentos de necesidad.

Amistad   En medio de la comunidad puede desarrollar relaciones positivas de amistad y vecindad.

Sentido personal   Usted puede hacer una diferencia significativa por medio de su compromiso con su comunidad. Algunas veces el estrés se acentúa por los sentimientos de desamparo. Por ejemplo, quizás pueda sentir estrés por el alto nivel de crímenes en su vecindario. Al involucrarse con otras personas en la comunidad para luchar hacia objetivos comunes, puede ganar sentido de control sobre su vida. Encabezar o unirse a un grupo de vecinos que vigile el vecindario reducirá el estrés al hacerle frente a la fuente que los produce.

La unión   Le ofrecemos aquí algunas ideas de cómo unirse a su comunidad:

• Asista a las reuniones relacionadas con asuntos de interés para usted. Puede elegir las reuniones de padres, miembros de la iglesia, miembros de su partido político o gente que disfrute con sus mismas diversiones.
• Consulte a la Cámara de Comercio de su localidad o el comité de recepción de nuevos vecinos.

- Busque recursos a través del directorio telefónico.
- Invite a sus vecinos a la casa a tomar una taza de té.
- Conozca a los padres de los amiguitos de sus hijos.
- Ofrezca sus servicios de voluntario para alguna organización que sea de su interés.

41 ✳ Fomente y disfrute las amistades

Un buen amigo le aliviará del estrés. Cuando sabe que alguien está de su parte, atraerá ese amor cuando siente que lo necesita. El simple hecho de poder llamar a alguien que sabe no le juzgará severamente cuando está bajo presión, ya es una ayuda inmensa.

Aquí tiene algunas ideas de cómo desarrollar y disfrutar de las amistades cuando está bajo estrés.

Dedíquele tiempo a sus amistades   Programe en su horario un tiempo para sus amistades si le parece que no lo puede hacer en cualquier momento. Si no tiene tiempo para invertir con sus amigos, la amistad se debilitará.

Esté disponible para sus amistades   Cuando sus amigos estén bajo estrés y necesiten su ayuda, hágase presente. Trate de hacer lo que pueda para animarles, déles una visión objetiva de su situación, ofrézcales consejo cuando se lo pidan y provéales ayuda práctica cuando pueda. En la amistad, como todo en la vida, cosechará lo que siembre. Si está allí cuando sus amigos lo necesitan en los momentos de estrés, ellos estarán a su lado cuando usted los necesite.

Salga con amigos divertidos   Tómese un descanso con amigos que le agrade su compañía por ser divertidos. Cuando esté bajo estrés, llamé a algún amigo con el que se sienta bien. Si es posible, pónganse de acuerdo para hacer algo que ambos disfruten: caminar, montar en bicicleta o cualquier otra cosa.

Háblele a sus amigos de sus problemas   A veces un amigo puede ver la forma de hacer cambios que podrá reducir el nivel de estrés en su vida. Al conocerlo a usted y a su estilo de vida, le permitirá darle a esa persona la perspectiva correcta desde la cual puede ofrecer una sugerencia beneficiosa.

Solucione las dificultades lo antes posible   Estar enojado con algún amigo puede crearle estrés. Hágase el hábito de hablar abiertamente con sus amigos acerca de las dificultades en la relación, de manera que las resuelvan lo más pronto posible.

Elija amistades positivas   Escoja amigos que le levanten el ánimo, en lugar de que lo depriman. Si está rodeado de amigos que constantemente lo están criticando o que son pesimistas, no siga pasando más tiempo libre con ellos cuando estén con esas actitudes negativas. En lugar de eso, elija amistades que le alegren y levanten el ánimo en formas positivas.

42 ✳ Reduzca sus autodemandas perfeccionistas

Ningún ser humano es perfecto, y eso lo incluye a usted. Por lo tanto, si demanda perfección de usted mismo, está creando una situación de vida en la que tendrá que vivir siempre bajo estrés. Este estrés puede venir de los constantes sentimientos de fracaso porque sus estándares son inalcanzables. El estrés también se puede producir cuando usted se esfuerza demasiado por tratar de lograr o mantener su perfección.

Sus demandas perfeccionistas pueden venir de alguien más. A lo mejor usted creció en una familia en la que el grado de aceptación estaba basado en sus actuaciones en lugar de sus valores inherentes como persona. Tal vez está casado con alguien que tenía en mente el ideal de la pareja perfecta y trata de conformarlo a esa imagen. Quizás sea miembro de un equipo o un grupo de compañeros que exigen un cierto estándar en el cual usted no es capaz de lograrlo por ser como es.

En estas situaciones y en muchas otras, las demandas perfeccionistas le provocan sentir rechazo. Es posible que también le arrastren a luchar duro por conformarse a las demandas de otros, lo cual le representa mucho en otras áreas de su vida. Por ejemplo, tratar de competir en el trabajo y llegar a ser el empleado perfecto de lo corporación puede estarle costando su habilidad para cumplir con sus responsabilidades en el hogar. Si también está luchando para ser el padre perfecto, probablemente se encuentre en una situación imposible de ganar; su perfeccionismo le pone en contra de su misma persona en los varios papeles que desempeña.

He aquí algunas ideas que le ayudarán a luchar con el perfeccionismo.

Acéptese como una persona imperfecta   Reconozca sus limitaciones humanas. Si no puede fácilmente ver sus limitaciones, pídale a alguien cercano a usted que se las muestre. Estas limitaciones se aplican al tiempo, atención, energía, habilidades físicas e intelectuales, financieras y otras más.

Cambie su meta   En lugar de establecerse la meta de ser perfecto en algún puesto en particular (para después descubrir cuán lejos está de la perfección), identifique dónde se encuentra ahora y propóngase una meta que sea medible. Hallará momentos positivos en los que avanzará sin el peso que el estrés produce cuando ve que siempre fracasa a corto plazo.

No prometa perfección   Dígale a los demás que no siempre podrá cumplir sus expectativas. Otros podrán demandar su perfección en términos de la imagen que quieren imponerle. Decida qué es lo que quiere de usted en la vida. Después dígales a quienes estén tratando de moldear su vida que usted no siempre se amoldará a lo que ellos quieran. Si esta es la dinámica en el trabajo o en medio de la familia, una simple advertencia probablemente no cambiará toda una vida de patrones de conducta y relación. Usted debe mantenerse en no ceder a las demandas de otros cuando estas no concuerden con sus metas personales. Quizás necesite la ayuda profesional de un terapeuta especializado en la familia para aprender estas habilidades.

Recompénsese usted mismo Recompénsese por el progreso que haya logrado en lugar de castigarse por su imperfección. Por ejemplo, si obtuvo una calificación de A y dos B, anímese por la A y advierta la mejoría.

43 ✳ Motívese con metas alcanzables

El estrés se puede reducir de diversas maneras cuando se tienen metas alcanzables. Estas son algunas de ellas.

Aléjese del perfeccionismo   Las metas alcanzables son una alternativa saludable para las demandas perfeccionistas. Al establecerse metas y darse el tiempo suficiente y razonable para cumplirlas, le reducirá la presión de sentir que ya debería haberlas cumplido. Mientras lucha por conseguir una de sus metas, puede mantener su perfeccionismo acorralado al recordarse que está siendo y haciendo activamente lo mejor en esa área en particular para alcanzar la meta.

Mantenga el balance   Cuando establece metas claramente definidas, establece usted mismo una estructura para invertir su energía. Todas las metas alcanzables incluyen un plan y un límite de tiempo para cumplir ese plan. Al ajustarse al límite de tiempo, puede mantener su vida controlable balanceando el trabajo duro con el adecuado descanso. Sin un plan para el logro de sus metas, puede terminar, es posible que esté casi a punto de terminar y tenga que trabajar noche y día para completar la meta a tiempo.

Acepte las decepciones   Cuando se tienen metas alcanzables, logramos lidiar mejor con las decepciones. Si se enfoca
hacia metas alcanzables para cada área de su vida, su satisfac-
ción personal no se percibe como proveniente de una sola
fuente. Por lo tanto, al experimentar un retroceso en cualquier
área de su vida, no quiere decir que toda su vida se viene abajo.
Si tiene sus metas claramente definidas, puede aceptar una
decepción e idear un plan para volver su vida a su curso normal
de acción.

Formule metas realizables   Establezca metas para todas
las áreas de su vida: personal, carrera, familia, social, financiera
y espiritual.
En cada una considere sus anhelos y sueños para el futuro:

- Haga una lista de las cosas que desea en su vida.
- Ponga sus deseos más importantes que tienen prioridad.
  Marque exactamente los tres más importantes.
- Identifique los obstáculos que se interponen entre usted
  y los tres deseos más importantes de su vida.
- Determine dónde puede encontrar ayuda para vencer
  esos obstáculos.
- Ingenie un plan para vencer esos obstáculos que comience
  desde donde está ahora y tome en consideración los
  recursos de los que dispone para ayudar a cumplir su plan.
- Establezca una fecha para alcanzar esa meta, luego estruc-
  ture su tiempo desde esa fecha hasta el presente. Asegúrese de dar pasos controlables que le permitan cumplir
  con las demandas actuales de su estilo de vida. Después,
  incorpore un tiempo cada día para trabajar en el logro de
  su meta.

Escriba sus metas en términos específicos.
Revíselas con frecuencia. Analice sus metas a corto plazo
cada noche antes de acostarse. Considere las inmediatas al

menos una vez a la semana, quizás cuando revise su calendario para la siguiente semana. Examine sus metas a largo plazo al menos una vez al año. Un buen momento para revisar todas las metas es entre Navidad y el día de Año Nuevo.

44 ✳ Juegue

El juego y el estrés no pueden coexistir con facilidad. Cuando está inmerso en un juego relajante, su mente se desvía de los problemas y las presiones. Sin embargo, la gente que tiende a vivir bajo estrés con frecuencia le resulta difícil incorporar el juego en su estilo de vida. Quizás las demandas de tiempo que le causan una buena parte de su estrés no le dejan tiempo para el juego, como en el caso de un padre solo que trabaja y tiene la custodia de un pequeño. O los cambios problemáticos de la vida que causan estrés en la familia, como una muerte o el divorcio que pueden dejarle emocionalmente atormentado. En momentos de alto estrés emocional es probable que no esté de humor como para jugar, o acaso piense que jugar es algo inapropiado durante un momento de dolor y pena.

Cualquier cosa que le esté causando estrés, usted mismo puede ayudarse a reducir sus efectos negativos si se permite un tiempo de juego. Aquí le ofrecemos varias sugerencias.

Programe un tiempo de diversión con sus seres amados
Usted conoce qué amigos saben jugar. Si se está sintiendo especialmente estresado, pídales que se conviertan en sus terapeutas de juego. Programe tiempo para estar con ellos y déjelos planear las actividades. Asegúrese que su tiempo de juego no dependa del alcohol o algún otro tipo de droga recreacional. Es posible que le hagan sentir bien por el momento, pero a la larga actuarán como depresivos o terminan por darle más estrés a su sistema.

Recese para jugar   Juegue en pequeñas distracciones que le den recesos momentáneos del estrés. Trate de incorporar los juegos en su vida. Hasta puede jugar solitario o juegos de computadora si lo desea. Resuelva un crucigrama. Participe con sus hijos con juegos de tablero. Participe también en juegos tales como los mesa o salón, los cuales le permitan relacionarse con otras personas.

Programe el juego   Programe un tiempo de juego para cada día de la semana. Haga del juego una actividad regular de su estilo de vida. Separe tiempo para realizar actividades divertidas con su familia. Tenga un tiempo familiar para salir de paseo semanalmente. Salga con sus hijos a patinar, jugar bolos o de campamento. Salga a comer al campo o intérnese en un bosque.

Juegue antes de sentir la necesidad de jugar   No espere a sentir ganas de jugar para empezar a hacerlo. Comprométase a jugar. Una vez que comience a jugar, su nivel de estrés decrecerá y se sentirá con más ánimos de jugar.

Vea el tiempo de juego como bien invertido   Si está preocupado respecto a perder el tiempo de trabajo por estar jugando, ni lo piense. Es seguro que se sentirá mejor para trabajar y pensar claramente después de haberse refrescado con el juego.

45 ✻ Reduzca las preocupaciones

La preocupación es expresar estrés sobre algo que todavía no ha sucedido. Cuando se preocupa, su cuerpo reacciona anticipadamente al peligro o catástrofe como si ya hubiera ocurrido. Considere el grado de estrés que los niños atraviesan cuando anticipan que van a recibir la inyección del doctor. Aunque nada les ha herido físicamente, es posible que se pongan histéricos y experimenten un tremendo estrés por lo que tanto temen. Usted hace exactamente lo mismo cuando se preocupa. Lo que hace es recordar las cosas que le han herido en el pasado, recordar las señales de peligro que preceden al dolor y sacar conclusiones de que quizás lo volverán a lastimar. Entonces reacciona al miedo de lo que pueda suceder.

Esta habilidad de aprender de las experiencias pasadas le ayudará a evitar el dolor si las utiliza en forma positiva: tomando precauciones que le protejan, evitando situaciones verdaderamente peligrosas o alterando su curso de acción para cuidarse. Sin embargo, si se deja enredar con la preocupación, lo que sucede es que provoca más estrés y eso no le hace nada bien.

Aquí le damos algunas sugerencias de cómo reducir la tendencia a preocuparse.

Aclare cuál es la realidad   Si está esperando a un adolescente que no ha llegado a casa porque se le ha hecho tarde en una cita, la realidad es que al muchacho se le ha hecho tarde. Su mente quizás pase por un sinfín de razones peligrosas por las cuales se le ha hecho tarde al muchacho. Estas posibles catástrofes no son la realidad. Recuerde cuáles son los hechos.

Albergue todas las posibilidades en la mente

Cuando comienza a preocuparse en relación a todas las opciones de los que posiblemente puede suceder en situaciones potencialmente peligrosas, también recuerde todas las demás posibilidades. Si su pareja está actuando de forma evasiva y usted teme que algo terrible suceda, ese comportamiento evasivo puede ser el resultado de que le está ocultando alguna sorpresa. Cuando usted comienza a preocuparse, puede reducir el estrés haciendo dos listas de las cosas que piensa que tal vez han sucedido y que le están ocasionando esa preocupación. En una de las listas escriba las posibilidades negativas. En la otra las posibilidades o explicaciones positivas.

Converse con alguien   Hable de sus preocupaciones con alguien que tenga una actitud positiva. A veces, alguna otra persona le puede ayudar a despejar las preocupaciones de la mente, esas que usted siente no puede eliminar.

46 ✳ Use su creatividad

Algunas veces, tal parece que cuando usa su creatividad se aleja de las cosas que le causan estrés. Hay buenas razones que pueden explicar esto. Las investigaciones han demostrado que el cerebro está dividido en dos hemisferios. En términos muy sencillos eso significa que el lado derecho de su cerebro trata con asuntos analíticos y de solución de problemas, y el izquierdo trata con las funciones más creativas. Cuando usted cambia para usar el lado creativo de su cerebro, literalmente está descansando del análisis de sus problemas o enfocándose en las presiones que pueden estar causando su estrés.

Aprenda de los líderes A lo largo de la historia, los grandes líderes han escapado de las presiones de tener los problemas del mundo sobre sus hombros por medio de alguna actividad creativa en las que ponen en acción sus talentos. Un ejemplo notorio es Winston Churchill. En *The Last Lion* [El último león], William Manchester se refiere a los poderes de la expresión creativa para reducir el estrés, de acuerdo a como Churchill los veía:

> Eddie Marsh, que vio los primeros esfuerzos de Churchill al pintar, pensó que «el nuevo entusiasmo[...] era una distracción y un sedante que traería algún grado de alivio para su frustrado espíritu». Es más, le sería de solaz durante los siguientes cincuenta años. Según creía, había descubierto la solución a la ansiedad y la tensión. El

ejercicio, los viajes, el retiro, la soledad, la festividad forzada —había probado todos estos y ninguno le había dado resultados. «Un cambio», escribió Churchill, «es la llave maestra. Una persona puede agotar en particular una parte de su mente a fuerza de estar usándola y preparándose continuamente en ella[...] Las partes cansadas de la mente se pueden restaurar y fortalecer, no simplemente por medio del descanso, sino por el uso que se haga de otras partes[...] Es sólo cuando las células nuevas se despiertan a la actividad, cuando nuevas estrellas vienen a dominar el firmamento, que se logra alivio, reposo y renovación».

Si todavía no ha encontrado una forma de expresión creativa de la cual disfrute, siga buscando. Quizás quiera tomar algunas clases para comenzar.

Elija una, o más   Aquí le ofrecemos algunas formas de expresiones creativas que quizás quiera intentar:

- Pintar, hacer bocetos o dibujar
- Cocer, bordar o tejer
- Escribir poesía u otras obras creativas
- Cantar, escribir canciones o tocar algún instrumento musical
- Baile o mímica
- Construir cosas: modelar, castillos de arena, estructuras
- Hacer esculturas o cerámica
- Cocinar y hornear
- Haga trabajos artesanales

47 ✳ Deshágase del estrés espiritual

Cuando está librando alguna batalla espiritual interior, experimentará estrés sin importar las demás situaciones de su vida externa. Alguien le preguntó a una autora muy prolífica cómo es que era capaz de producir tanto material y de tan buena calidad. Su respuesta incluyó los elementos esperados de la buena administración del tiempo y la organización. Sin embargo, también le dio importancia a que mantenía una vida interna de bajo estrés. Esto lo lograba asegurándose de que no había asuntos espirituales internos que le distrajeran, que le minaran su energía o atención alejándole de su trabajo.

Usted también puede reducir el nivel de estrés que experimenta y quizás así incrementar su productividad al deshacerse de los siguientes factores que causan estrés espiritual:

- Falta de perdón hacia usted y hacia otras personas
- Amargura
- Rencor
- Una conciencia culpable

He aquí algunos consejos de cómo deshacerse de esos causantes del estrés espiritual.

Aprenda a perdonar a los demás Perdonar no significa actuar como si lo que le hicieron fuera aceptable. Perdonar involucra primero reconocer el mal que se ha hecho (o la buena acción omitida), después decidir echar a un lado sus demandas de que la otra persona planeó lo que le sucedió a usted. En lugar de eso, debe elegir dejar las cosas en manos del alto mando; puede tratarse de Dios o de las autoridades civiles si es que se ha violado la ley.

Reciba el perdón   Hay ocasiones en las que usted ha fallado o se ha quedado corto en hacer lo que se suponía correcto. Cuando sus fallas o fracasos tienen efectos negativos en usted o en sus seres amados, quizás le sea difícil creer que Dios o los demás todavía pueden aceptarlo.

Tal vez le sea más fácil creer que Dios le acepta a pesar de sus errores si entiende claramente el proceso. Pídale a su ministro o pastor que le ayude a aprender cómo recibir el perdón que Dios ofrece.

Si tiene problemas para recibir el perdón de otros, quizás le ayude a hacer algo para compensar los efectos negativos de sus decisiones y comportamiento. Acepte los errores cometidos y los aciertos omitidos ante la gente involucrada (siempre y cuando esta aceptación no hiera a nadie más). Después, haga todo lo que pueda para reparar cualquier dolor o inconveniente que haya causado.

Perdónese a usted mismo   Después de recibir el perdón de Dios y de los demás, libérese del anzuelo. No le hace nada bien continuar reprochándose por los errores y fallas del pasado. En todo caso, haga una lista de las cosas que tiene en contra suya. Después de cada cosa, anote cualquier cambio que pueda hacer para que le prevenga de volver a cometer la misma ofensa. Haga lo que pueda para hacer su futuro mejor que el pasado, y deje el pasado atrás.

Eche a un lado los rencores y amarguras   Haga una lista de todas las personas contra las que siente algún rencor y escriba la acción que le ofendió. Tome una decisión consciente de enmendar cada una de esas relaciones. Si nunca le ha dicho a los individuos que está ofendido, acérquese a ellos y discuta cualquiera cosa que le haya perturbado. Vaya con el deseo de reparar la relación, no con el objetivo de mostrarles lo descorteses que han sido. Establezca lo que sucedió (de acuerdo a su perspectiva) y el porqué le molestó. Escuche cualquier explicación que tengan que darle. Después, esté dispuesto a perdonarles por las ofensas pasadas. Posiblemente será necesario que pase un tiempo para reparar la relación y vuelva a ser como antes de la ofensa. Mientras tanto, muéstreles cortesía como un acto de buena voluntad, hasta que el sentimiento de cortesía regrese.

Limpie su conciencia   Su conciencia le puede ayudar a hacerle ver siempre cuándo está haciendo algo correcto o incorrecto. Ponga atención a su conciencia. Si siente esa pequeña voz interior que le advierte algo, escuche y obedezca.

Si lleva algún peso de culpabilidad porque está haciendo cosas que violan su conciencia, puede beneficiarse de una dosis de arrepentimiento como en los viejos tiempos. Arrepentirse simplemente significa reconocer dónde está equivocado; luego, cambiar su mentalidad respecto a lo que está haciendo y decidirse a avanzar en dirección diferente, especialmente en la dirección que sabe que es la correcta.

Debe arrepentirse siempre que viole su conciencia. Mantener una lista corta de ofensas, aligerará su mente y reducirá el nivel de estrés que experimenta cuando está en medio de una batalla moral interior.

48 ✳ Consulte a su médico

Si bien es cierto que las causas del estrés son variadas, todo tipo de estrés produce efectos físicos. Es sabido que el estrés causa una supresión en la respuesta inmunológica. Cuando está bajo un alto nivel de estrés, su sistema inmunológico no es capaz de responder como debiera para protegerlo. Por lo tanto, está más vulnerable a las enfermedades infecciosas. El estrés puede también ser un factor significativo en las enfermedades del corazón, dolores de cabeza, de espalda, desórdenes estomacales y digestivos, resequedad en la piel, hipertensión y hasta disfunciones sexuales. Si está bajo un nivel de estrés incontrolable, busque ayuda médica por su bienestar físico.

Una receta para mejorar su salud Hay diversas formas en las que su doctor puede ayudarle a reducir el estrés y los efectos negativos de este, incluyendo las siguientes:

- Un médico le puede recetar medicinas que le pueden ayudar para que su cuerpo controle mejor los efectos físicos del estrés.
- Su médico puede enseñarle técnicas de relajación.
- Su médico le puede sacar de la duda si es que se preocupa de que el alto nivel de estrés ponga en peligro su salud. Hacerse un examen médico completo durante las temporadas de extremo estrés le permitirá identificar las enfermedades relacionadas con el estrés o aliviarle la preocupación

mental respecto a la posibilidad de tener alguna enfermedad relacionada con el estrés. Si hay algunos problemas
específicos de salud, su doctor podrá resolverlos médica-
mente.

• Su médico puede remitirlo a otra fuente de ayuda para
resolver su situación de estrés.

49 ✳ Organícese

El caos y el estrés van juntos. Cuando su vida, hogar y oficina están en orden, sus días andarán más suavemente. Su vida será más predecible. Cuando su vida, hogar y oficina están en desorden, está extendiendo una invitación a cualquier tipo de crisis. Por lo tanto, puede reducir la posibilidad de enfrentar el estrés diariamente si se organiza.

He aquí algunas ideas para organizar su vida y reducir así el estrés.

Organice su tiempo   Programe el tiempo de sus compromisos para disminuir al máximo las sorpresas. Si le es posible anticipar los problemas de horarios por adelantado, puede planear con antelación para evitar que las presiones del tiempo le restrinjan (lo cual es siempre estresante). Lleve un calendario que incluya todos sus compromisos. Si tiene más de un calendario (digamos uno para la casa y otro para la oficina), corre el riesgo de olvidar registrar alguna cita en alguno de los dos. Luego tendrá conflictos con los que tendrá que lidiar más adelante.

Organice su escritorio   Organice su lugar de trabajo de modo que tenga a mano todo lo que necesita para hacer su trabajo. Planear con anticipación y mantener un espacio de trabajo que llene sus necesidades le evitará tener que revolver todo para encontrar las cosas cuando está tratando de trabajar.

Evite el desorden en la casa, el carro y la oficina

Si tiene la tendencia al desorden y a apilar cosas, a lo mejor le hará falta contratar a un profesional que le ayude a simplificar sus pertenencias. O quizás podrá organizar su vida siguiendo las instrucciones que se dan en varios libros sobre organización y que los puede encontrar en las librerías.

Organice su hogar   Organice su hogar de manera que le sea más fácil realizar sus rutinas diarias. Considere la función que tiene cada área de la casa y organice el espacio para ayudarle a disfrutar la vida. Vea el ropero como un espacio en el que puede vestirse fácilmente cada día. Esta nueva perspectiva le animará a quitar todas las cosas que no le permitan vestirse con facilidad. Por ejemplo, si el papel de envolver está en la parte de arriba de su ropero (y con frecuencia se cae cuando está buscando la ropa), cámbielo a otro lugar que esté especialmente diseñado para eso. Un lugar más apropiado sería en el área de las cosas de oficina o cerca de la mesa del comedor si ese es el espacio que usa para envolver los regalos.

50 ✳ Siga una rutina

El estrés está asociado con los cambios de vida y la inseguridad potencial que dichos cambios representan. Siempre que hay un nivel alto de estrés en su vida, puede contrarrestar los efectos negativos manteniendo una rutina. Una ilustración clara de los efectos calmantes de la rutina se puede ver en los pequeños. Siempre que los pequeños experimenten un cambio importante en sus vidas, es seguro que habrá una reacción de estrés. Si un niño pequeño se separa del padre o la madre, o de los dos, es posible que el pequeño retroceda al comportamiento de una etapa anterior en su desarrollo. Es posible que adopte hábitos que le agradaban en el pasado, como chuparse el dedo o tomar biberón. En tales situaciones, una de las mejores formas de reducir el nivel de estrés es mantener la rutina tanto como sea posible. La rutina asociada con caminar, vestirse, bañarse, tiempo de juego y la hora de dormir le darán un sentido de normalidad en medio de una situación anormal. Esa es la razón del porqué una cobija que le es familiar, o un juguete en particular cobra tanta importancia en la vida del niño cuando las cosas parecen estresantes.

Las reacciones del adulto al estrés y los intentos por encontrar la comodidad cuando se enfrenta a cambios en la vida son similares. Los adultos, así como los pequeños, encuentran alivio en lo que les resulta familiar o rutinario. Siempre que le falte una rutina predecible, la vida será más estresante. Considere cómo tener un trabajo sin una cantidad fija de horas tiende a ser más estresante que otro que requiere trabajar la misma cantidad de horas fijas. Usted puede reducir el estrés creando rutinas en las que pueda depender.

Estas son algunas de las formas en las que puede maximizar los efectos calmantes de tener una rutina en su vida.

Por la tarde
Establezca una hora fija para irse a dormir cada noche.

Antes de irse a la cama, lleve a cabo una rutina de acostarse con calma. Tal vez tome algo caliente (sin cafeína), lea, ore o escuche música relajante.

Por la mañana
Levántese a la misma hora todos los días. Practique por la mañana una rutina que le permita reducir el estrés. Levántese con suficiente tiempo para hacer lo que necesita antes de sus obligaciones diarias. Dedique un tiempo para hacer ejercicios, o uno de quietud y reflexión, lea el periódico, o vea las noticias de la mañana antes de salir al trabajo.

Arréglese de la misma forma y en el mismo lugar cada día. Quizás quiera levantarse y arreglarse con la misma música todos los días.

A través de la semana
Lleve a cabo un horario básico diario y semanalmente que sea predecible, flexible y hecho a la medida de sus necesidades. Por ejemplo, use el tiempo de la mañana para el trabajo ininterrumpido, haga las llamadas durante la tarde y responda el correo al final del día. Estas pautas generales para una rutina le podrán ayudar a mantener un equilibrio, aun en tiempos cuando sus planes específicos se cambien por actividades inesperadas.

Programe usar su tiempo al nivel más alto de energía, pero haga lo menos que deba cuando su nivel de energía esté bajo.

Pase algunos momentos en lugares familiares. Si tiene algún lugar favorito que le hace sentirse seguro, vaya allá con frecuencia.

51 ✳ Practique la oración de serenidad

La «Oración de serenidad» en la versión popular que se usa hoy en día dice:

Dios,
Dame serenidad
para aceptar las cosas que no puedo cambiar,
valor para cambiar las que puedo cambiar,
y la sabiduría para conocer la diferencia. Amén.

Estas simples líneas han ayudado a millones de personas saber controlar el estrés en sus vidas. Usted también puede encontrar solaz al expresar esa oración y practicar los principios que esta enseña.

He aquí cómo al practicarla le servirá para reducir el estrés.

Reconocimiento Le ayuda a poder reconocer que hay cosas en la vida que están fuera de nuestro control. Cuando usted puede reconocer que algo está más allá de su control, es libre para dejar de intentar cambiarlo. Enfrentar vanas batallas es extenuante y estresante.

Valor Dirige su vida hacia acciones constructivas en formas positivas. Cuando usted se percibe como víctima desamparada, es cuando está más propenso al estrés. Las víctimas desamparadas viven en peligro y por lo tanto experimentan continuo estrés por el miedo de lo que puede sucederle en cualquier momento. Cuando identifica las cosas que puede cambiar en su vida para mejorar y tiene el valor para hacerlo, comienza a liberarse del papel de víctima.

Sabiduría   Le pone en contacto con Dios y le da la oportunidad de recibir el regalo de la sabiduría de Dios. En muchas situaciones estresantes quizás no sepa qué curso de acción le ayudará a reducir el estrés que experimenta. Cuando le pida sabiduría a Dios, es posible que se sorprenda de que en realidad se la da. Descubrirá formas posibles para guiar su vida lejos de la sobrecarga de estrés de forma tal que nunca antes había visto.

Devoción   Aun cuando no sea una persona que ora con regularidad, usted puede aprender la «Oración de serenidad». He aquí algunas formas en que puede hacerlo:

- Memorice la oración y repítala durante los momentos de quietud. Luego pase algunos minutos reflexionando en lo que necesita aceptar que no puede cambiar, contrástelo con las cosas que puede cambiar, incluso si requieren valor.
- Diga la oración en silencio siempre que esté en alguna situación estresante.
- Exprese la oración con alguien cercano a usted como parte de la rutina de su día, ya sea en la mañana o al final del día.

52 ✳ Identifique y elimine los factores específicos del estrés

Cuando se siente en tensión y quiere reducir los efectos negativos del estrés en una situación dada, debe identificar los factores específicos que lo causan. Estos se agrupan en dos categorías: las cosas que puede cambiar y las que no tiene poder para cambiar. Una vez que haya identificado en una lista los puntos específicos de estrés que está en sus manos cambiar, puede tomar la acción de eliminar cada una de ellas para reducir los efectos negativos que producen.

Aquí le ofrecemos algunos consejos de cómo puede identificar y eliminar esos puntos de estrés.

Haga una lista   Confeccione una lista de cada cosa en su vida que percibe como motivo de estrés. Si no está seguro, comience por mandarlas a la lista de estresores dada en la «Introducción». Anote cualquier cosa que el año pasado le haya causado estrés. Luego piense en la semana pasada e identifique las relaciones, situaciones y momentos en los que sintió los efectos del estrés. Póngalos en una hoja de papel.

Evalúe la lista   Trace una línea sobre las cosas que van más allá de sus posibilidades para cambiarlas en ese momento. Por ejemplo, algunas de las cosas que tal vez tachó como causantes de estrés, pero que están fuera de su control, podrían ser el nacimiento de un bebé, la muerte de un ser amado, una graduación, ajustarse a un nuevo trabajo y cosas por el estilo.

Revise el resto de la lista   Estas son las cosas que tiene en cierta medida el poder para cambiarlas. Busque las formas en las que podría hacer cambios que eliminaría el estrés o al menos lo harían más controlable. Por ejemplo, si puso en la lista «peleas con la pareja sobre cuestiones financieras», piense en varias cosas que podría hacer para lograr cambios que reducirían el estrés en esa área. Las opciones podrían incluir el subir el ingreso, revisar el presupuesto, recibir ayuda financiera, cambiar las expectativas de uno de los cónyuges, o de los dos, etc. Para cada punto de estrés haga una lista de opciones que podría llevar a cabo para reducir el estrés en esa situación en particular.

Trace metas específicas   Identifique las metas que le ayudarán a eliminar o reducir el estrés para cada cosa específica de su lista. Es posible que no sea capaz de eliminar o aprender a resolver la fuente del estrés en su vida inmediatamente. Sin embargo, al saber con claridad los puntos de estrés que puede cambiar, es capaz de moverse en dirección hacia una vida con menos estrés, o al menos con estrés más controlable.